Petit traité de la farine complète

Conception graphique : *Ici & Ailleurs* et Gentiane Magnan
Illustrations : Mireille Gayet

www.lesureau.com
www.adverbum.fr

04340 Méolans-Revel

ISBN 978-2-911328-38-1
Coédition Le Sureau & Le moulin Pichard

Petit traité de la farine complète

Martine Agrech

Abréviations

cc : cuillère à café
cs : cuillère à soupe
g : gramme
l : litre
cl : centilitre

Remarque

Sauf indication contraire, pour toutes les recettes avec cuisson au four, la température indiquée suppose un préchauffage initial.

Préface

En tant que descendant de six générations de meuniers et responsable du dernier moulin exclusivement bio des Alpes-de Haute-Provence, je me réjouis de ce *Petit traité de la farine complète* !

Voici un bel ouvrage qui touche à la fois les yeux et le cœur...

Martine Agrech sait admirablement transmettre son goût de la farine complète, sa passion du pain et des multiples richesses qu'on peut obtenir de simples grains moulus. Moulus, certes, mais pas n'importe comment !

Car, depuis les galettes cuites sur des pierres chaudes, que de chemin parcouru ! Et c'est de ce chemin, de cette longue histoire que nous parle le livre. Que de symboles dans la farine et le pain ! Que de sources de bonheur partagé et d'échanges ! Pour les petits et les grands !

Aujourd'hui, je suis heureux de voir qu'on redonne au pain ses lettres de noblesse, lentement acquises au fil du temps. Ce n'est donc pas sans raison que nos générations se sont succédé en répétant inlassablement et toujours avec ferveur les mêmes gestes : dans le creux de la main, quelques grains, puis un noyau de farine, blanc et doux, qui donnera au pain gonflement et parfum.

Rien de plus agréable pour moi que les odeurs de farine fraîchement moulue en suspension dans le moulin – prolongement du goût authentique de la céréale. Et plus encore des céréales bio ! Le mélange judicieux des variétés donnera à la farine toutes les qualités requises pour une bonne panification et, de nos jours, en bio, les nombreux types de farine révèlent la personnalité du meunier, notre goût du travail bien fait, pour obtenir une farine goûteuse prête pour de merveilleuses recettes.

Martine Agrech aimerait – dit-elle – que son ouvrage sente la farine ! Voilà le plus bel aveu de sa passion et comme je comprends celle-ci !

Vous aussi ?

Ne cherchez pas : vous avez l'âme d'un meunier !

Jean-Charles Pichard,

meunier de père en fils depuis six générations

Êtes-vous déjà entré dans un moulin ?

Avez-vous senti l'odeur du blé qui devient farine ?
L'utilisation de la farine complète restitue une part de ce parfum.

Quand j'étais enfant, vers le mois de juin, mon grand-père nous faisait décortiquer un épi de blé en le frottant entre ses mains pour retirer le grain de la balle (l'enveloppe) et soufflait ensuite dessus, pour ne garder que le grain doré. Puis on mastiquait le grain et cela faisait une pâte un peu élastique. Ce goût, ce parfum, c'est en moi, c'est fort, c'est vrai. C'est le goût de la farine.

Quand je fais du pain, il embaume la maison, mes enfants le préfèrent aux gâteaux. Ils le grignotent facilement entre les repas et se régalent de tartines croustillantes au goûter. Le pain est une nourriture, pas uniquement un élément d'accompagnement.

Je voudrais que mon livre soit imprégné de farine. Je souhaite qu'il vous révèle les valeurs nutritives des céréales bio, leurs qualités gustatives et olfactives à travers des recettes simples qui vous permettront de tirer le meilleur parti de la farine complète.

Faire la cuisine avec de la farine complète, c'est donner à votre alimentation, en plus de réels apports nutritifs, des qualités naturelles, gustatives et digestives.

La farine complète agrémentera vos plats de son parfum de blé tendre nuancé de noisette, dû au mélange de germe et de son. Vos repas seront plus légers et plus nourrissants. Après un petit-déjeuner à base de céréales complètes, finis, les petits creux de 11 h ! Et pour vos enfants, pour leur goûter, quoi de plus naturel qu'une tartine ou un gâteau à la farine complète ?

Petit vocabulaire de la farine

Avant toute chose, pour savoir de quoi l'on parle, il est bon de définir les quelques termes qui forment le vocabulaire de base de la farine et du pain.

Albumen : réserve alimentaire de la graine entourant l'embryon et le nourrissant pendant la germination.

Amande : partie intérieure du grain, farine blanche.

Assise protéique : appelée aussi *aleurone*, substance azotée remplaçant ou accompagnant l'amidon dans les céréales et qui constitue une réserve pour la plante.

Balle : enveloppe des graines de céréales.

Blé : céréale annuelle de la famille des graminées à épi composé, contenant des grains qui, broyés, donnent la farine. Le mot *blé* vient de *blet* (qu'on trouve aussi sous la forme *blef*), issu du francique *blad* signifiant « produit de la terre ».

Blutage (bluter) : action de purifier la farine. Plus une farine est blanche, plus elle est blutée.

Croûte : partie extérieure d'un pain, durcie à la cuisson.

Cylindre : pièce cylindrique de fer cannelé, le blé passe entre les deux cylindres pour libérer l'amande farineuse.

Enveloppe : partie externe protectrice.

Farine : poudre fine provenant des grains de céréales. Le mot *farine* vient directement du latin *farina*, avec le même sens.

Four : pour la cuisson du pain. Il peut être moderne (chauffé au gaz ou à l'électricité) ou ancien (chauffé au bois).

Germe : état premier, rudimentaire, de la semence qui donne naissance à la plante.

Grenier : à l'origine, lieu où l'on gardait le grain (vient de *guernier*, issu du latin *granarium*, « endroit où l'on conserve le grain », de *granum*, « grain »).

Gruau : grain nettoyé et grossièrement moulu, sans trace de son.

Levain : pâte de farine fermentée qu'on incorpore à la pâte fraîche pour la faire lever.

Levure : champignons unicellulaires aptes à la fermentation.

Meule : pierre circulaire de 1,5 m de diamètre et 0,4 mètre d'épaisseur d'un ou plusieurs blocs cerclés servant à écraser les céréales.

Meunerie : désigne tout ce qui est lié à la fabrication de la farine.

Mie : partie molle et tendre située à l'intérieur du pain, sous la croûte.

Minoterie (minotier) : établissement qui transforme les céréales en farine industrielle.

Moulin : machine destinée à moudre le grain. Moulin à eau, à vent, à bras, électrique.

Mouture : action, manière de moudre des céréales, en particulier du blé, par meules ou cylindres.

Pain : aliment fait de farine mêlée d'eau et de levain et cuit au four.

Pâton : morceau de pâte à pain mis en forme pour constituer un pain à la cuisson.

Péricarpe : ensemble qui entoure et protège la graine.

Pétrin : autrefois, coffre en bois dans lequel on pétrissait la pâte à pain à la main ; aujourd'hui, cuve en métal avec bras actionnés mécaniquement.

Recoupe ou repasse : farine qu'on tire du son remoulu.

Remoulage : action de remoudre les résidus de meunerie utilisés dans l'alimentation du bétail.

Son : résidu de la mouture du blé provenant du péricarpe.

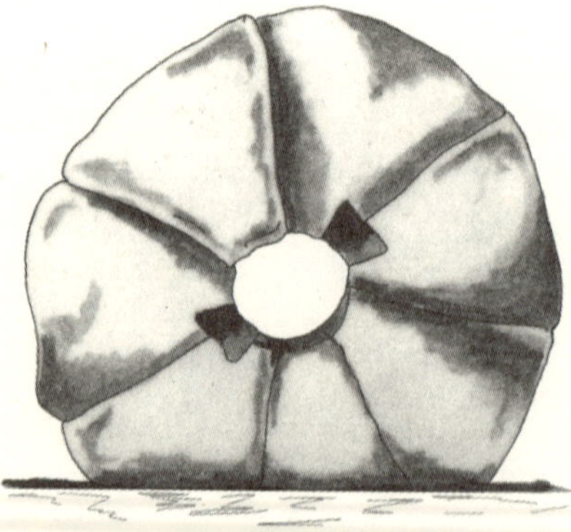

Chansons du temps jadis

Le moulin

Le meunier poudré de blanc
Siffle un air à son aise
Il pousse cet air, heureux à vivre
En tirant le sac par la fenêtre
Les ailes girent follement
Les roues tournent et voltigent
Les meules grincent et ronflent
Entre-temps le grain est descendu
En haut ce grain était entier
En bas il est poussière de farine
Si Dieu ne permettait plus le vent
Le meunier aurait grand chagrin
L'homme ne saurait plus que faire
Il doit avec le vent gagner son pain.
Meunier, tu dors

Meunier, tu dors
Ton moulin va trop vite
Meunier, tu dors
Ton moulin va trop fort.

Ton moulin, ton moulin
Va trop vite,
Ton moulin, ton moulin
Va trop fort.

Cette chanson n'est pas naïve, car le moulin était en danger et risquait de prendre feu si le meunier s'était endormi et que les meules en silex tournaient sans grain. Quand il y avait du vent, le meunier travaillait jour et nuit, et dormait quand il pouvait... Un coup de vent soudain pouvait remettre en route les ailes du moulin et, s'il n'était pas alimenté en grain, les étincelles du silex pouvaient provoquer un incendie.

Les chansons du répertoire populaire enfantin sont souvent rythmées par le « tic-tac » et le « clic-clac » du moulin. Elles reprennent des idées simples et des mots essentiels : *blé*, *farine*, *pain*, ou rappellent le travail du meunier.
Existe-t-il une autre machine qui, mieux que le moulin, soit « bonne à chanter et à danser » ? Environ cent quinze chansons, populaires, folkloriques et classiques, dont *La Belle Meunière*, de Franz Schubert, sont répertoriées. Le moulin, le meunier et la meunière ont aussi inspiré le théâtre et même l'opéra-comique avec *La Molinara*, de Giovanni Paisiello.

Dictons et proverbes... à profusion !

Blé, *farine* et *pain* recouvrent des réalités tellement quotidiennes qu'on les retrouve évidemment dans bien des expressions, dictons et proverbes, plus ou moins connus, plus ou moins employés, et qu'on n'en finirait pas de citer.

Symbole par excellence de la nourriture, le pain rappelle d'abord le célèbre *Panem et circenses* (« Du pain et des jeux ») de Juvénal (*Satires*, X, 81) qui exprimait ainsi de façon lapidaire, et non sans mépris, les seules envies du peuple : se nourrir et se divertir.

Mais le pain symbolise aussi des valeurs...

« Le pain est le tuteur de la vie. »
« Une maison sans pain est une maison sans joie. »
« Celui qui cultive son champ sera béni par le pain. »
« Le pain est le fruit de la terre mais il est béni par la lumière. »
« Gagner son pain. »

... il résume des situations...

« Avoir du pain sur la planche. »
« Être au pain sec. »
« Ça ne mange pas de pain. »
« Pour une bouchée de pain. »

... de même que le moulin, la farine et le pétrin :

« On ne peut pas être à la fois au four et au moulin. »
« Entrer dans une maison comme dans un moulin. »
« Il vaut mieux aller au moulin qu'au médecin. »
« Se battre contre des moulins à vent. »
« Apporter de l'eau au moulin de quelqu'un. »
« Quand le moulin est fermé, l'âne se vautre. »
« Un moulin à paroles. »
« Tirer d'un sac deux moutures. »
« (Gens) de même farine. » (*Ejusdem farinae*)

« Rouler dans la farine. »
« Avoir la bouche enfarinée. »
« Être dans le pétrin. »

Quelques formules peut-être moins connues :
« Pluie de juin, ruine de moulin. »
« Assez va au moulin qui son âne y envoie !
Assez va au moulin qui son sac y envoie !
Qui entre dans un moulin… s'enfarine ! »
« Fais belle figure quand tu célèbres la fête et que tu distribues le pain. »
« Le premier arrivé au moulin est le premier à mettre le grain. »
« Quand le moulin fait un tour complet,
Il y a de la bouillie et des crêpes.
Quand s'arrête le moulin,
Il n'y a ni bouillie ni crêpes. »

Enfin, le blé, lui aussi, est tout un symbole…
« Manger son blé en herbe. »
« Crier famine sur un tas de blé. »

… ce qui n'a pas échappé à l'argot : « avoir du blé », c'est avoir de l'argent.

Victor Hugo... incontournable !

Le soir, en effet, fait partie de ces « morceaux » que l'on retrouve dans toute anthologie digne de ce nom, ne serait-ce que pour ses deux derniers vers – parcelle inoubliable du patrimoine poétique français.

Saison des semailles. Le soir

C'est le moment crépusculaire.
J'admire, assis sous un portail,
Ce reste de jour dont s'éclaire
La dernière heure du travail.
Dans les terres, de nuit baignées,
Je contemple, ému, les haillons
D'un vieillard qui jette à poignées
La moisson future aux sillons.
Sa haute silhouette noire
Domine les profonds labours.
On sent à quel point il doit croire
À la fuite utile des jours.
Il marche dans la plaine immense,
Va, vient, lance la graine au loin,
Rouvre sa main, et recommence,
Et je médite, obscur témoin,
Pendant que, déployant ses voiles,
L'ombre, où se mêle une rumeur,
Semble élargir jusqu'aux étoiles
Le geste auguste du semeur.

Victor Hugo, *Les Chansons des rues et des bois*

Une très longue histoire

Environ 10 000 ans avant notre ère, les peuples qui vivent au Proche-Orient de chasse, de pêche et de cueillette découvrent les mérites des graminées sauvages. Très nourrissantes, elles ont aussi l'avantage de se conserver. Les hommes vont les stocker pour faire face aux mauvaises périodes de chasse. Le pain que nous consommons aujourd'hui résulte d'un long cheminement historique, technologique et gastronomique.

L'histoire du « pain » commence en 8 000 av. J.-C., avec le début de l'agriculture dans la région du Croissant fertile, région qui désigne les plaines alluviales du Tigre et de l'Euphrate. Dans ce « Pays entre deux fleuves », la Mésopotamie voit se développer les premières civilisations agricoles. Le blé tel que nous le connaissons aujourd'hui serait issu d'un croisement naturel entre des graines sauvages venues des monts Zagros (Iran actuel) et celles des rives irakiennes du Tigre.

Cinq mille ans plus tard, l'homme du néolithique apprend à cultiver des céréales, mais il les consomme d'abord sous forme de bouillies ou de galettes. Les grains broyés entre deux pierres et la mouture obtenue, portés à ébullition dans l'eau, donnent une bouillie qui se conserve mal. En chauffant cette bouillie jusqu'à ce qu'elle perde l'eau, on obtient une galette. Ces galettes ont été ensuite cuites sur des pierres plates, sous la cendre ou sur la braise. Elles étaient plus faciles à transporter. Mais il faudra attendre longtemps pour que l'homme découvre, probablement par hasard, le processus de fermentation de la pâte, qui permet l'obtention du pain levé.

Le « blé des pharaons » (blé des pyramides)

Au XIXe siècle, des chercheurs ont découvert dans les pyramides des grains de blé considérés comme étant « le blé des pharaons ». Un siècle plus tard, avec la découverte du trésor de Toutankhamon, il s'est avéré que ce blé provenait du voisinage, tout comme le *kamut*, blé très ancien dont on redécouvre aujourd'hui tout l'intérêt sur les plans agronomique et nutritionnel. Si l'on veut les appeler « blés des pharaons », il faut toutefois préciser qu'il s'agit de blés issus des blés sauvages qui étaient cultivés sous les pharaons.

On attribue aussi aux Égyptiens la découverte du levain, dès le IVe millénaire avant notre ère. Selon la légende, un morceau de pâte à galette non cuite, oublié dans un endroit chaud par une femme « étourdie », aurait naturellement fermenté au contact des micro-organismes de l'atmosphère. En utilisant un morceau de cette pâte pour faire leurs premiers pains, les Égyptiens ont découvert le levain.

C'est d'ailleurs en Égypte que l'on a retrouvé les plus anciennes représentations concernant le pain, et qui datent du IIe millénaire av. J.-C. Une peinture murale de la tombe de Khenamun (Thèbes) représente toutes les étapes de la fabrication du pain, dont l'importance, déjà, ne saurait être niée. Aménophis III, par exemple, fut inhumé avec de solides réserves de pain dans son temple de Thèbes (XVIIIe dynastie du Nouvel Empire, 1550-1200 av. J.-C.).

Des progrès constants

Entre son apparition et l'époque gréco-romaine, des progrès énormes ont été réalisés dans l'art de la panification.

En ce qui concerne le Moyen Âge, il est difficile de se faire aujourd'hui une idée précise de la qualité du pain d'alors. Toujours est-il que, pendant des siècles, le mot *pain* a été synonyme de nourriture.

Du XVe au XVIIIe siècle, la fabrication du pain est restée essentiellement familiale. Les pains sont alors très gros, la pâte est ferme et insuffisamment pétrie. Le levain est employé en quantité insuffisante, il est mal conservé et donne un pain très acide. La levure de bière apparaît dans la fabrication des pains de luxe et les boulangers, qui l'utilisent en appoint avec des levains, s'aperçoivent qu'en pétrissant avec un peu plus d'eau, la pâte lève davantage. Dès lors, ils vont prendre l'habitude de faire des pâtes moins fermes et le pétrissage va devenir plus soigné.

La société chrétienne de l'époque le charge d'une valeur symbolique, le vol de pain est sanctionné par la peine capitale.

Vers 1366, une « police » du pain est instaurée. Elle surveille la corporation et dispose d'un arsenal de peines. La police se range du côté des commerçants et protège leurs boutiques des pillages. Il arrive que les voleurs soient pendus.

À la Renaissance, le développement des sciences profite à la technologie meunière et boulangère. Les premiers travaux scientifiques applicables à la levure bénéficient de l'invention du microscope par le Hollandais Antonie van Leeuwenhoek (1677). La fermentation par la levure de bière se développe. Le pain se diversifie et les pains grossiers (de pois, de fèves ou de glands) n'apparaissent plus qu'en période de disette.

Le XVIIIe siècle

À la fin du XVIIIe siècle, les ordonnances royales imposent aux boulangers quatre sortes de pains : le « blanc » (approximativement comparable au type 55 actuel), le « chapitre » (pain de qualité supérieure, à la mie très blanche et serrée, et qui est fait avec de la farine de blé de haute qualité), le « bis blanc » (type 65) et le « bis » (type 80).

Durant cette période, on ne constate pas de profond changement. La panification progresse sensiblement en région parisienne mais, dans les campagnes, l'immobilisme perdure. La misère des campagnes vient surtout du fait qu'elles ne disposent pas de greniers et ne peuvent donc pas stocker pour les périodes de mauvaises récoltes. Les ordonnances royales imposent quatre sortes de pain : deux fabriqués avec de la farine de meilleure qualité que les deux autres. Toutes les ressources sont bonnes pour apaiser la faim : orge, avoine, fève, glands, racines de fougères. Le pain de seigle est le plus consommé dans certaines provinces : Champagne, Sologne, Rouergue, Limousin et Bretagne. La misère, dans les campagnes, est très profonde. En période de récolte, certains champs sont surveillés la nuit et les bourgeois font « escorter leur pain » par la maréchaussée. Le peuple connaît encore disettes et famines. Les problèmes d'approvisionnement subsistent et les bouillies font toujours partie de l'alimentation. Seuls les riches peuvent s'offrir du bon pain blanc, synonyme d'affinage.

Toutefois, la tendance vers des pains de luxe permet de faire progresser l'ensemble de la boulangerie à Paris. Les pains riches en croûte sont appréciés, la qualité du pain est estimée à son extrême blancheur et le pain bis, sans doute de mauvaise qualité, est dédaigné. Les blés médiocres sont dus à la faiblesse et à l'irrégularité des récoltes et des labours. Les grains circulent mal à cause des douanes intérieures. La meunerie se trouve dans une situation déplorable. Lavoisier prétend que 95 % des moulins produisent une mauvaise farine. Les techniques de mouture n'ont presque pas évolué. Le particulier tamise sa farine, et à la finesse des tamis qu'il emploie se juge son aisance. La farine de meules contient du sable et des petites pierres qui proviennent des grains mal nettoyés et de l'usure excessive des meules tournant trop vite.
En 1740, l'autorisation officielle de remoudre le son va permettre de développer une mouture de meilleure qualité mais la spéculation sur le grain, le manque chronique de pain et la famine vont favoriser le déclenchement de la Révolution.

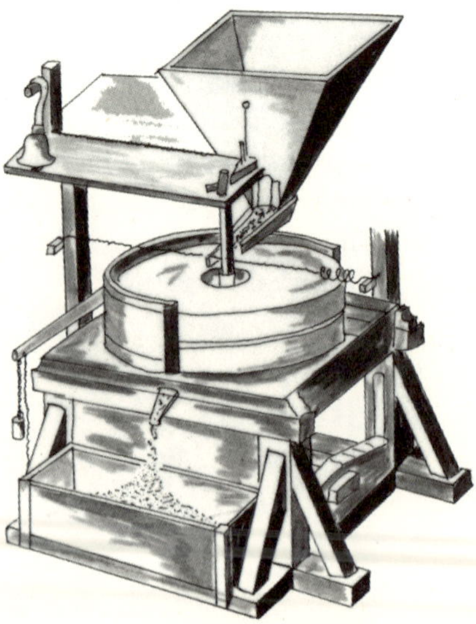

Le XIXe siècle : mécanisation et levure

Au XIXe siècle, les pétrins mécaniques apparaissent et les machines à mouture se perfectionnent. En 1860, Louis Pasteur identifie la levure comme le micro-organisme responsable de la fermentation alcoolique et montre qu'elle peut vivre aussi bien en présence qu'en l'absence d'oxygène. Elle se multiplie dans le premier cas et réalise une fermentation dans le second. Les levures d'alcool de céréales remplacent les levures de bière. À partir de 1867, la fabrication industrielle de la levure se développe.

Ce siècle connaît des changements profonds dans le commerce et l'industrie. La consommation de pain est très élevée, elle passe à un kilogramme par jour pour les travailleurs manuels (source : www.espace-pain-information.com, Hubert Chiron, chercheur à l'INRA). Une grande partie du pain est consommée dans la soupe. Le pain est cher et représente la plus importante dépense alimentaire. Jusqu'en 1850, la France souffre fréquemment de mauvaises récoltes mais, à partir de cette époque, des importations sont possibles et les progrès de l'agriculture contribuent à augmenter la productivité.

En 1863, la boulangerie se dote d'un statut plus libéral et, leur nombre n'étant plus limité, des boulangeries s'ouvrent dans les campagnes. Le pain du boulanger est apprécié pour sa blancheur et sa fraîcheur.

À partir de 1880, la mouture par cylindres remplace celle par meules. La farine obtenue devient de meilleure qualité. De plus, elle se conserve mieux puisqu'elle ne contient plus de germe, qui rancit vite. Cependant, déjà à cette époque, les médecins s'inquiètent parce que l'on sacrifie trop d'éléments nutritifs au profit de la blancheur du pain.

Le XXe siècle : normalisation

Au XXe siècle, la mécanisation des opérations de panification s'accentue. Les fermentations sont de mieux en mieux maîtrisées, soutenues notamment par une recherche active sur le métabolisme des levures, la sélection des souches et l'amélioration des techniques de fabrication.

Au début du siècle, les pouvoirs publics se préoccupent de donner des définitions réglementaires de la farine et du pain afin de mieux contrôler leur qualité. L'électrification du pays va généraliser l'emploi des pétrins mécaniques, facteur très positif pour la qualité du pain.

La Première Guerre mondiale a des répercussions importantes sur la qualité du pain, du fait du départ vers le front de beaucoup d'artisans boulangers. Au fil des hostilités, les importations de blé deviennent insuffisantes pour compenser les mauvaises récoltes. Le relèvement des taux d'extraction et le rationnement ont des conséquences fâcheuses sur la qualité du pain.

Il faut même attendre quelques années après la Seconde Guerre mondiale pour que la pureté des farines redevienne compatible avec une panification de qualité.

En 1956, apparaît une nouvelle technique de pétrissage, qui consiste à doubler la vitesse de rotation des bras du pétrin et le temps de travail. Cette méthode se propage très rapidement dans l'ensemble du pays. Le bel aspect et la blancheur du pain ainsi obtenus témoignent des progrès dans la panification.

Dans les années soixante-dix, la technique de « pousse contrôlée » permet aux boulangers de maîtriser la durée et la vitesse de fermentation ainsi que de réduire leur travail de nuit tout en proposant à la clientèle du pain frais et croustillant dès les premières heures du jour.

Cependant, la consommation de pain n'a cessé de chuter jusqu'à la fin du siècle : « Le pain fait grossir », prétendait-on. En réalité, cette chute de la consommation de pain, au profit notamment de la viande, s'explique, entre autres, par les nouvelles conditions de travail, la baisse des besoins énergétiques, la journée continue et, d'une manière générale, par un nouveau mode de vie.

Aujourd'hui

En France, depuis l'an 2000, la consommation de pain par an et par personne est à peu près stable et oscille autour de 55 kg. Aujourd'hui, on compte 36 000 boulangeries, soit environ une boulangerie pour 1 500 habitants et – rapprochement statistique curieux – une boulangerie par commune !

Le blé est une force économique dans les échanges du commerce mondial, où la concurrence est rude. Les céréaliers français se posent en premiers garants de la qualité des blés. La France, premier pays producteur de farine, doit défendre la qualité de son blé et sélectionner les semences pour assurer la qualité de la panification.

Parmi les variétés de blés les plus citées figure le Renan, première variété cultivée en France, très appréciée par les meuniers et les boulangers. Viennent ensuite les variétés Soissons, Apache et Camp Rémy.

La meunerie française exporte de la farine vers quatre-vingt dix pays.

En 2005, on comptait (source : www.espace-pain-information.com) :
- 488 unités de production ;
- 5,59 millions de tonnes de blé utilisées ;
- 4,33 millions de tonnes de farine produites ;
- 1,9 million de tonnes de farine pour les boulangeries artisanales ;
- 1,38 milliard d'euros de chiffre d'affaires, dont 146 millions d'euros à l'export.

Le grain de blé à la loupe

Le grain de blé est formé de plusieurs couches :
- une enveloppe cellulosique externe : le *son*, partie protectrice de l'ensemble ;
- sous le son : le *péricarpe*, dur et résistant, constitué de plusieurs enveloppes qui protègent la graine elle-même ;
- une autre couche protectrice précieuse, toujours sous le son : l'*assise protéique*, riche en ferments, gluten, phosphore, magnésium, manganèse, fer. Certaines couches de l'assise protéique sont particulièrement riches en acides aminés, vitamines B et sels minéraux ;
- en écrasant le grain, on découvre l'*amande*, encore appelée *albumen*, qui donne le gruau (semoule). Elle est composée de substances hydrocarbonées qui fourniront la farine blanche ;
- enfin, à la base du grain, se trouve le *germe*, qui est l'embryon de la future plante.

Le grain de blé est un véritable don de la nature, il contient les éléments indispensables à un bon équilibre alimentaire. Depuis le germe jusqu'à l'enveloppe externe, toutes les parties constituantes du grain de blé (et d'ailleurs des autres céréales) contiennent des éléments qui répondent aux besoins nutritionnels de l'organisme.

Le blé, une valeur sûre

Le grain de blé à maturité est de couleur brun clair et a une forme oblongue de 6,5 mm de long et 3 mm de large.

- Amande farineuse : 82 à 85 % du poids du grain
- Enveloppe : 12 à 15 %
- Germe : 2,5 à 3 %

Pour 100 g

- Protides : 22 g
- Glucides : 51,15 g
- Lipides : 9,57 g
- Fibres : 14,85 g

Valeur énergétique : 356 kcal.

Le blé constitue un apport important en calcium, magnésium, vitamines B6 et E, fer, oligoéléments, sels minéraux.

Type de farine et densité nutritionnelle			
Types (pour 100 g de farine)	T 55	T 80 avec remoulage	T 150
Fibres (g)	3,2	4,8	11,5
Potassium (mg)	140	183	380
Phosphore (mg)	120	175	320
Fer (mg)	1,2	1,8	3,9
Zinc (mg)	0,9	1,6	2,9
Magnésium (mg)	28	50	105
Calcium (mg)	15	18	35
Vitamine E (mg)	0,34	0,615	2,1
Vitamine B6 (mg)	0,10	0,24	0,46
Protéines (g)	11, 5	11,8	12,1
Glucides (g)	71	69	61

Il y a farine et farine...

Quelques-uns des éléments du blé sont pourtant retirés au moment du blutage pour obtenir de la farine blanche. Vitamines et minéraux sont en effet essentiellement contenus dans les enveloppes externes et dans le germe, parties que le décorticage avec les broyeurs à cylindres élimine. Ainsi, la farine blanche perd 90 % des vitamines, 10 % de potassium et 65 % de fer présents dans la farine complète de meules de pierre. Seule cette dernière conserve l'ensemble des éléments constitutifs du blé.

Appellation courante	**Type**	**Teneur en minéraux (en g)**	**Taux d'extraction***
Farine pour pâtisserie	45	Moins de 0,50	67
Farine blanche courante	55	0,50 à 0,60	75
Farine bise	65	0,62 à 0,75	78
Farine bise	80	0,75 à 0,90	90-85
Farine complète	110	1 à 1,20	85-90
Farine intégrale	150	plus de 1,40	90-98

* Quantité de farine obtenue pour 100 kg de blé

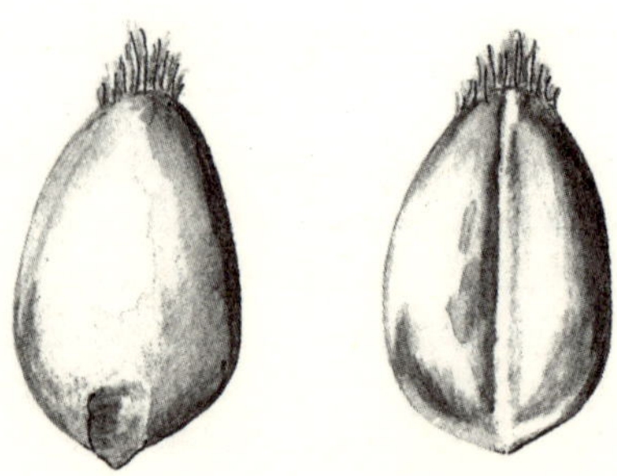

Source des tableaux : Christian Rémésy, forum *Du blé au pain biologique*, nov. 2007.

La farine complète

La farine complète de meules est obtenue en écrasant tout simplement les grains de blé. Le taux d'extraction est de 100 %, ce qui signifie que rien n'a été retiré pendant la mouture. Au contraire, la farine complète obtenue avec des broyeurs à cylindres est en partie reconstituée.

Les bienfaits de la farine complète : des études épidémiologiques récentes ont montré qu'une consommation régulière de céréales complètes peut réduire le risque de maladies coronariennes et certains cancers jusqu'à 30 % (source : Christian Rémésy). On comprend donc toute l'importance qu'il y a à manger plus d'aliments à base de céréales complètes pour améliorer notre santé (voir Christian Rémésy, *Que mangerons-nous demain ?*, Odile Jacob, 2005).

Le problème est qu'à l'heure actuelle, la majorité des aliments aux céréales sont des produits industriels raffinés. Les nutritionnistes qualifient ces aliments de source de « calories vides ». Cela signifie que le germe et le son ont été retirés lors du blutage, laissant les féculents, qui sont la base des farines blanches. La mouture et le raffinage entraînent une perte significative d'éléments nutritifs et d'autres substances protectrices présentes surtout dans le germe et le son.

Les autres éléments nutritifs des céréales complètes sont la vitamine E, la vitamine B complexe et des minéraux comme le sélénium, le zinc, le cuivre, le fer, le magnésium et le phosphore. Ces céréales contiennent aussi des protéines, des hydrates de carbone et des substances protectrices (lignanes, phytoestrogènes végétaux) ayant des propriétés préventives contre les maladies cardiaques et le cancer, notamment celui du côlon.

Les effets protecteurs des céréales complètes contre ces maladies sont dus au taux élevé d'hydrates de carbone fermentables, transformés par la flore intestinale en acides gras.
Les nutritionnistes nous mettent en garde contre des nourritures présentant une trop faible valeur nutritive, trop riches en protéines animales, en graisses, en sucres et en sel. Ils préconisent une part plus importante de céréales complètes ainsi que de fruits et de légumes dans notre alimentation.

L'art de moudre

Nos lointains ancêtres ont d'abord écrasé les grains entre deux pierres pour les rendre plus digestes. Puis les pierres ont été taillées. Au fil des siècles, elles sont devenues les meules des moulins à farine que nous connaissons aujourd'hui.

Un meunier habile peut, avec des meules de silex bien rayonnées, augmenter son rendement et obtenir jusqu'à 200 kg de farine à l'heure, disait-on au XIXe siècle.

Le problème des meules est de les « rhabiller », c'est-à-dire de lever la meule tournante (meule du haut) pour procéder au piquage des meules afin d'en raviver la surface, opération pénible requérant un subtil savoir-faire. Ce travail est considéré aujourd'hui comme faisant partie du métier de meunier. Il impose une période d'inactivité et nécessite une main-d'œuvre qualifiée.

Dès l'apparition des broyeurs à cylindres, en Hongrie, à la fin du XIXe siècle, les moulins s'en sont équipés. Ils ont considérablement amélioré le rendement, passant de quelques kilos à plusieurs tonnes, et ont pu fournir une farine blanche très demandée. Ils permettaient d'extraire et de séparer tous les produits du grain.

Il y a donc aujourd'hui deux types de farines :

- farines de meules, produites par des moulins – à l'heure actuelle les farines biologiques sont le plus souvent de ce type ;
- farines de minoteries, produites par des broyeurs à cylindres (plus de 90 % des farines présentes dans le commerce).

Il existe une différence fondamentale entre les deux. À la sortie d'un moulin à meules de pierre, on obtient de la farine intégrale, c'est-à-dire que le grain écrasé restitue la totalité de ses constituants, comme le germe de blé qui possède d'excellentes propriétés nutritives. On élimine ensuite, si on le souhaite, une partie du son par tamisage. Selon la finesse du tamis utilisé, on obtient une farine plus ou moins complète.

Si l'on décompose le mouvement de la meule qui tourne, on constate qu'elle avance par bonds successifs, ce qui provoque le déroulement de l'enveloppe du grain (le son, extrait sous forme de grosses particules brunes, contenant peu de farine). Plus le son est marron, meilleure est l'extraction de farine. Pour cela, les meuniers mouillaient le grain vingt-quatre heures avant de le moudre afin que l'enveloppe se détache bien de l'amande. La mouture à la meule offre l'avantage de conserver une grande partie des couches, situées sous le son, qui constituent les parties nutritives du grain de blé. Elles sont cependant moins blanches que l'amidon situé au centre de l'amande, pauvre en éléments nutritifs.

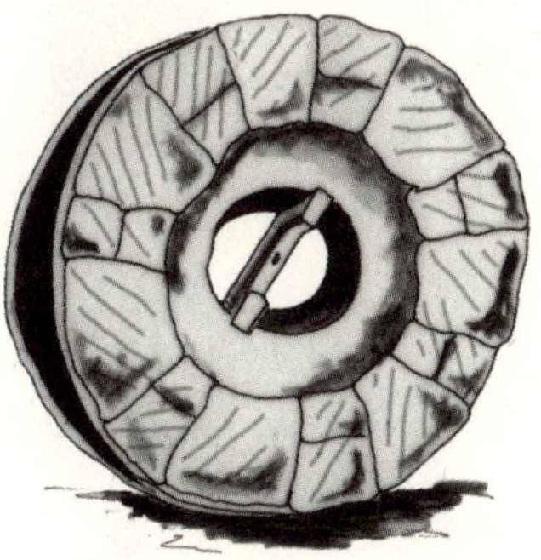

Dans les minoteries équipées de broyeurs à cylindres, le grain passe une première fois entre deux cylindres cannelés peu serrés qui coupent le grain en morceaux avec le son. Le produit obtenu est tamisé et les particules, qui ne passent pas à travers le tamis, sont renvoyées automatiquement sur d'autres cylindres un peu plus serrés qui découpent de nouveau le grain. Cette opération est répétée de nombreuses fois jusqu'à obtenir une farine parfaitement blanche, en utilisant des cylindres de plus en plus rapprochés et pourvus de cannelures de plus en plus fines. Au dernier passage, les cylindres sont lisses. Et les nombreux produits sont triés au fur et à mesure du broyage et conditionnés selon le diagramme de la minoterie. On peut obtenir ainsi un son plus petit et plus blanc qu'avec la mouture de meules.

La farine complète n'apparaît à aucune bouche d'extraction et doit être reconstituée a posteriori. Certains éléments sont alors écartés, comme par exemple le germe de blé qui fait rancir la farine et qui est surtout réservé aux produits diététiques, cosmétiques ou pharmaceutiques.

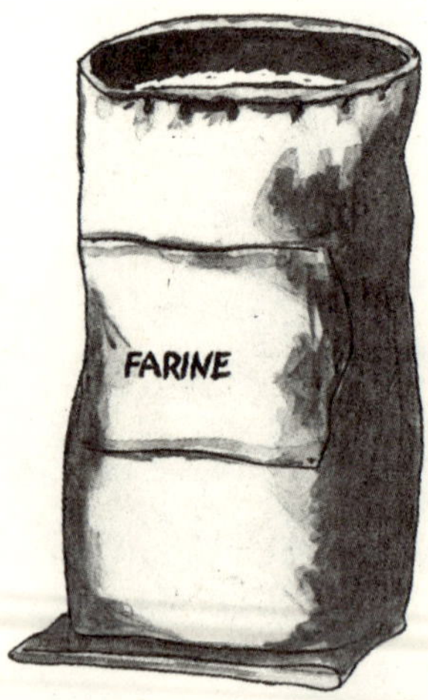

Farines de meules ou de cylindres ?

Comparaison des farines issues de moulins à cylindres et de meules de pierre (source : Christian Rémésy, forum *Du blé au pain biologique*, nov. 2007)

	Magnésium (Mg)	Fer (Fe)	Zinc (Zn)	Calcium (Ca)	Potassium (K)
Mode de culture conventionnelle					
Grain entier	1 180	46	29		
Farine de cylindres	465	21	13	78	2211
Farine de meules	611	35	18	101	2475
Mode de culture biologique					
Grain entier	1338	34	32		
Farine de cylindres	538	19	15	93	2427
Farine de meules	697	20	19	112	3216

Les analyses mettent en évidence de nettes différences dont les plus importantes portent sur les teneurs en minéraux, en cellulose et en vitamines.

Une farine blanche de meules type 55 (taux d'extraction 75 %) contient deux fois plus de cellulose que la farine de cylindres du même type, et 50 % de minéraux en plus. L'explication est simple : sous l'action des meules, l'enveloppe du grain de blé est déroulée et une petite partie du son est réduite en particules extrêmement fines (moins de 100 microns) qui passent à travers les tamis les plus fins et se retrouvent donc dans la farine blanche. Sous l'action des cylindres, au contraire, le son découpé en fines particules garde avec lui une partie des couches nutritives. Celles-ci ne se retrouvent donc pas dans la farine qui ne conserve que la partie la plus blanche de l'amidon. En revanche, la mouture à la meule permet au son de mieux se décoller du grain. Les couches nutritives restent donc plus présentes dans la farine de meules.

Ainsi, on comprend pourquoi le moulin à meules se révèle plus approprié pour des farines complètes et présente plus d'intérêt gustatif et nutritif.

Levain, levure

La plupart des boulangeries conventionnelles utilisent de la levure plutôt que du levain, car elle est plus facile à travailler.
L'indication « pain complet » devrait nous garantir que celui-ci est bien réalisé avec du levain. Or ce n'est pas toujours le cas.
En effet, la farine complète contient de l'acide phytique qui perturbe l'assimilation du calcium. Une fermentation au levain pur neutralise l'action de ce composant précieux en améliorant l'assimilation des sels minéraux. Précieux, l'acide phytique l'est en effet, car c'est un antioxydant qui agit sur la vie des cellules. Il contribue à nous protéger, en particulier contre le cancer, et à abaisser le taux de cholestérol sanguin. On le trouve uniquement dans les couches périphériques du grain, l'enveloppe et l'assise protéique, c'est-à-dire seulement dans la farine complète.
La fermentation au levain pur donne au pain un petit goût acidulé, une consistance ferme et une meilleure conservation. Le levain est de la farine de blé, de l'eau, du sel. Une fermentation naturelle acidifiante permet à la pâte de lever.
Vous pouvez trouver de la levure fraîche chez votre boulanger. Elle existe aussi en version déshydratée classique et en produit bio. Pour les raisons que l'on vient d'évoquer, il vaut mieux la réserver pour le pain blanc.

Le pain ? Les pains !

L'expression « manger son pain blanc le premier » indique bien que le pain blanc était jadis le plus prisé. C'était celui des bourgeois ou des jours de fête. Pendant longtemps, les nutritionnistes lui ont donné la préférence, estimant le pain complet peu digeste et déminéralisant. Ces temps sont révolus et plus personne ne conteste que le pain blanc est très appauvri en minéraux, en vitamines et en fibres. L'accord est unanime pour affirmer qu'un pain bis ou complet est préférable au pain blanc.

Pain blanc
Il est fait avec de la farine type 55, totalement débarrassée de son, provenant donc principalement de la mouture de l'amande centrale.

Pain bis et pain complet
Ils sont fabriqués avec de la farine types 80 et 110. Le taux d'amidon est réduit de 10 % environ au profit des protéines (10 % de plus) et des fibres (trois fois plus que le pain blanc). Ces pains contiennent le germe, dont le poids est de 2,5 %, et on y trouve des substances de grande valeur biologique ainsi que de nombreuses vitamines (E, B1 et magnésium).

Pain intégral
Il est fait avec du blé simplement moulu, sans aucun tamisage. Il contient donc l'intégralité de la céréale. Il est fabriqué à partir de farine type 150. Certains pains complets ou intégraux sont élaborés en ajoutant du son à de la farine blanche mais on ne retrouve ni les teneurs en enzymes, en vitamines (E et B) et en minéraux, ni l'assise protéique des enveloppes du grain, riche en magnésium, calcium, fer, phosphore, zinc, cuivre, manganèse et sélénium.

	Pain blanc (en g)	**Pain complet (en g)**
calories	275	245
glucides	58	48
protéines	8	8
lipides	1	1
fibres	3,5	8
calcium	24	58
magnésium	27	81
fer	1	2

Pour le pain de consommation courante, la réglementation française admet adjuvants et additifs dont le rôle est de modifier l'aspect de la farine ou de pallier ses insuffisances en enzymes (conséquence du raffinage). Sont autorisés la farine de fèves (2 % environ), pour accentuer la blancheur de la farine, des amylases (enzymes dégradant l'amidon), provenant du malt ou des micro-organismes, de l'acide ascorbique et ses sels (E300, E301, E302, E304), des émulsifiants glycérides d'acides gras E471, des antioxydants, de la lécithine de soja qui aide à la conservation du pain. Si la farine provient de l'agriculture intensive, on trouvera aussi des résidus de pesticides, surtout si le pain est complet ou au son.

Le bon pain... mais lequel ?

Il est vrai que le pain intégral est le plus riche en fibres, en minéraux et en vitamines, mais il peut provoquer des irritations des voies digestives chez certaines personnes fragiles. Le choix dépendra des goûts et des réactions de chacun.

Le pain à base de farine complète est un aliment riche en éléments nutritifs et simple à réaliser. Dans beaucoup de pays, il est encore fabriqué comme jadis, à la maison, car il n'exige qu'un peu de farine, de l'eau, du sel et de la levure ou du levain. Ces pains domestiques sont souvent savoureux, d'autant qu'ils sont synonymes de partage familial.

Bien que ce soit un aliment simple, il est parfois difficile de trouver du bon pain. Aujourd'hui, la qualité des farines est bonne et soigneusement contrôlée, mais leur standardisation, comme d'ailleurs celle des variétés de blé cultivées, en uniformise le goût. Dans les minoteries, les céréales sont mélangées de manière à obtenir une qualité constante. Une visite au Salon international de la boulangerie a, par exemple, de quoi étonner : on y trouve adjuvants, améliorants, conservateurs, antioxygènes, correcteurs et révélateurs de goût, préparations spéciales prêtes à l'emploi, préparations spéciales de base, farines toutes prêtes appelées « produit » ou « composition », etc. Et l'on s'explique mieux ainsi la médiocre qualité de certains pains !

Pourtant, il nous appartient de savoir quel pain nous voulons consommer. Il existe de très bons boulangers capables de faire du pain avec une croûte croustillante et épaisse, une mie foncée et bien alvéolée. On peut aussi facilement faire son propre pain chez soi. Nous avons donc le choix, il suffit d'éveiller nos cinq sens.
Le bon pain que vous ferez avec de la farine de meules bio, plus ou moins blutée et très fraîche, ou celui que vous trouverez chez un

bon boulanger se conserve trois ou quatre jours sans durcir et sans ramollir.

Le meilleur boulanger, c'est peut-être vous ! Tout le monde est capable de faire du pain. La réussite de sa fabrication repose surtout sur la patience et la régularité. Autrefois, la gerbe de blé était un symbole de prospérité et de bonheur. Retrouvons aujourd'hui amour et partage en confectionnant des pains qui ont du goût, en donnant aux jeunes l'envie de mordre dans une tartine. Mais, pour cela, il faut de la bonne farine.

Farine de meules... et bio !

Le blé a pu être qualifié d'*œuf végétal*. La fameuse « pilule repas complet » dont rêvent nos visionnaires, la voilà... La nature nous l'a fournie depuis longtemps ! Le blé entier contient à peu près les mêmes éléments que le corps humain, dans des proportions analogues :
– glucides (sucres) : 70 %
– lipides (graisses) : 2 %
– protides (matières azotées) : 9 à 12 %
– sels minéraux (calcium, magnésium, sodium, potassium, chlore, soufre, fluor, silicium, zinc, manganèse, cobalt, cuivre, iode, fer
– vitamines A, B1, B2, B6, B12, PP,
– ferments, diastases, enzymes.

Il est très important que le blé soit issu de l'agriculture biologique, la seule à garantir une culture sans pesticides ni insecticides, responsables de cancers, surtout celui de la prostate (les pesticides de conservation du blé – hier le lindane, aujourd'hui le malathion – se concentrent dans les assises externes du grain). On a déjà vu que les vitamines et les minéraux sont contenus essentiellement dans les enveloppes externes et dans le germe, parties du grain que le décorticage élimine. Or, la graine entière est reconnue comme notre source principale de vitamine B1. Dans le grain entier, les minéraux et les oligoéléments sont présents en quantités suffisantes et sous une forme aisément assimilable. Certaines personnes digèrent difficilement les céréales à cause de la grande quantité d'amidon qu'elles contiennent ou du fait de la présence de son. Le problème du son se règle en utilisant des céréales complètes de meules légèrement tamisées.

Les farines blanches sont responsables d'énormes carences puisque, en éliminant l'enveloppe du grain, c'est 70 % de ses vitamines et autres nutriments essentiels dont on se prive. Les 30 % restants, en l'absence de cette enveloppe protectrice, ne survivent pas plus de trois semaines.

Farine et pain bio en France...

Aujourd'hui, en France, les surfaces cultivées pour les céréales bio représentent 553 000 hectares.[1]

En 2006, 11 640 fermes ont produit des céréales suivant le mode biologique. La collecte de blé tendre est de 82 000 tonnes.

La meunerie : sur un total de 163 moulins impliqués dans la filière bio, 68 moulins ont écrasé 53 000 tonnes de céréales bio, dont 49 000 tonnes de blé tendre. La région des Pays de la Loire compte le plus grand nombre de moulins bio (15 %), suivie par la région Rhône-Alpes et la région Midi-Pyrénées (12 % chacune). Les introductions de grains venant de l'Union européenne s'élèvent à 2 450 tonnes dont 96 % de blé tendre. Ces chiffres ne prennent pas en compte les transactions effectuées par certains opérateurs

1. Source : *Rapport Agence bio et Forum du pain bio*, novembre 2007

importants qui n'ont pas l'obligation de les déclarer à l'ONIC (Office national interprofessionnel des céréales).

On compte aujourd'hui 33 000 artisans boulangers certifiés en pain bio.

...et à la maison

Parallèlement à ce développement de la filière bio du blé et de la farine, de plus en plus de ménagères font leur pain, à la main ou avec une machine à pain. Je leur conseille de faire vraiment le bon choix de la farine, c'est-à-dire une farine de meules, complète ou demi-complète, biologique, de choisir du levain naturel (que l'on trouve sous forme de poudre déshydratée très facile à utiliser), et enfin d'éviter les farines prêtes à l'emploi, qui contiennent des adjuvants, des améliorants, des conservateurs, des révélateurs, etc., dont le seul « intérêt » est de garantir le succès de chaque fournée.

Les machines à pain sont un bon compromis pour faire un pain excellent en utilisant des ingrédients de très bonne qualité, tout cela en deux minutes. Vous pouvez aussi n'utiliser que le programme pétrissage de la machine et cuire ensuite le pain dans votre four.

À bon pain, bon four

Cuisson du pain

Les servantes faisaient le pain pour les dimanches,
Avec le meilleur lait, avec le meilleur grain,
Le front courbé, le coude en pointe hors des manches,
La sueur les mouillant et coulant au pétrin,
Leurs mains, leurs doigts, leur corps entier fumait de hâte,
Leur gorge remuait dans les corsages pleins,
Leurs deux poings monstrueux pataugeaient dans la pâte,
Et en moulaient des ronds comme la chair des seins.
Dehors, les grands fournils chauffaient leurs braises rouges,
Et deux par deux, du bout d'une planche, les gouges,
Dans le ventre des fours engouffraient les pains mous.
Et les flammes, par les gueules s'ouvrant passage,
Comme une meute énorme et chaude de chiens roux,
Sautaient en rugissant leur mordre le visage.

Émile Verhaeren, *Les Flamandes*

Les Hébreux ont découvert le pain levé au contact des Égyptiens lors de leurs quatre siècles d'exil sur la terre des pharaons. Ainsi sédentarisés, ils savaient fabriquer des briques. Vers 3500 av. J.-C., les Hébreux ont appris à cuire leurs pains dans des fours d'argile. Les Grecs, habiles architectes, auraient créé le four en forme de voûte, repris par les Romains.

À l'époque féodale, « les fours banaux » étaient un privilège des seigneurs qui en tiraient profit en prélevant une taxe sur chaque cuisson. Par la suite, le statut des fours banaux a changé, ils ont été confiés à la communauté ou à des particuliers. Après la Révolution, chacun a pu posséder son propre four. Les fours étaient construits en briques et en argile. Fagots et bûches brûlaient sur la sole, jusqu'à ce que les briques soient à une température suffisante pour cuire une fournée de pain.

Durant la Seconde Guerre mondiale, beaucoup de fours ont été restaurés, surtout dans les campagnes. Par la suite, certains boulangers ont équipé ces fours de chauffage au fioul ou au gaz. Actuellement, la plupart des fours fonctionnent à l'électricité mais, dans beaucoup de régions, on trouve à nouveau des boulangers qui font du pain « cuit au bois ». Cette méthode va en général avec le « pain au levain », ce qui donne un pain traditionnel au goût et au parfum très caractéristiques.

Si vous souhaitez faire votre pain, tous les fours ménagers peuvent le cuire, il suffit de chauffer à 230°C.

Les fêtes autour du pain et des fours

Aujourd'hui, le regain d'intérêt pour le pain, l'envie de retrouver la qualité des pains « faits maison » et la convivialité de ce mode de cuisson redonnent une nouvelle vie aux fours à bois collectifs ou individuels. Et l'on trouve même maintenant, dans le commerce, des fours en briques à monter soi-même.

Les fêtes communales, autour d'un ancien moulin ou d'un ancien four, souvent restaurés avec l'aide des habitants ou grâce à des subventions, témoignent de cette recherche d'une convivialité retrouvée autour d'une tradition quasiment élevée au rang de cérémonie.
Signe des temps, la « fête du pain » se célèbre depuis 1996, aux environs du 15 mai (voir www.fetedupain.com). Elle est l'occasion de nombreuses animations autour des thèmes du pain :
– pain et santé (valeurs des farines) ;
– pain et gastronomie (goût des différentes farines) ;
– accueil des écoliers... avec des vraies tartines !

Enfin, à l'initiative de la Fédération Française des Amis des Moulins (voir www.moulinsdefrance.org), la « fête des moulins » existe depuis 1995. Elle a lieu le troisième dimanche de juin. Ce jour-là, petits et grands peuvent s'initier à la transformation du blé en farine et en pain. C'est aussi l'occasion de se procurer directement de la farine de meules. Certains moulins sont cependant ouverts toute l'année et vendent leur propre production, un produit authentique qui reste au cœur de l'alimentation de toutes les populations.

Recettes de levains

Premier levain ou « levain chef »

• Mélanger à parts égales (à l'aide d'un volume étalon, tasse ou bol) de la farine et de l'eau tiède (20°C) dans un récipient.

• Recouvrir d'un linge et laisser reposer cette pâte molle pendant trois jours à une température de 20 à 25°C, favorable à la fermentation spontanée qui se manifeste par des boursouflures et un arôme aigrelet.

L'acidité du levain peut être renforcée durant quelques jours en lui ajoutant un peu d'eau tiède et de farine, toujours à parts égales. Entre deux fournées, le levain est conservé au réfrigérateur, les ferments sont ainsi mis en sommeil sans être altérés.

Levain chef
(autre recette)

Mettre dans un grand bol :

- 1 cs d'huile d'olive
- 1 cc de miel bio liquide
- 1 pincée de sel de mer
- 3 cs de farine complète
- la quantité d'eau nécessaire pour obtenir une pâte mollette

Le levain spontané

• Délayer six cuillères à soupe de farine complète avec environ 10 cl d'eau à 30°C.

• Il faut que la pâte soit mollette. Couvrir, envelopper dans une couverture, poser près d'une source de chaleur de façon à maintenir la pâte tiède pendant 36 h. Le levain est prêt quand la pâte se boursoufle et commence à craqueler.

Le levain classique

• Émietter un demi-cube de levure fraîche dans un bol et délayer avec 50 cl d'eau à 40°C. Ajouter 250 g de farine et incorporer à la levure pour obtenir une pâte fluide. Couvrir et laisser reposer près d'une source de chaleur pendant 24 h. Battre le levain et laisser reposer de nouveau 24 h dans les mêmes conditions. Vous pouvez l'utiliser tout de suite ou attendre 24 h pour avoir un levain plus acide.

• Battre vigoureusement en aérant. Mettre ce bol dans un endroit à température constante (20 à 24°C) pendant 48 h. Recouvrir d'une toile humide. Au bout de 48 h, reprendre la pâte. Si une croûte s'est formée, l'enlever. Ajouter une cuillère à soupe de farine et la quantité d'eau pour que la pâte redevienne mollette. Battre en aérant et remettre à 20-24°C pendant 48 h. Renouveler cette opération toutes les 48 h jusqu'à ce que la pâte soit montée au bord du bol, ce qui demande six à huit jours. Cette préparation ne devra être effectuée que la première fois.

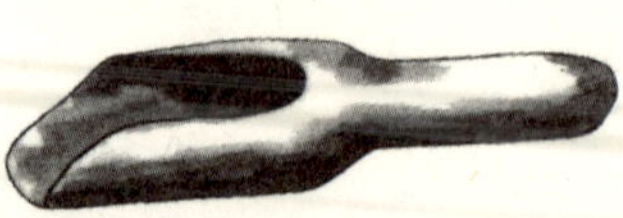

Il suffira de prélever chaque fois une boule de pâte sur la fabrication du jour, que l'on conservera au réfrigérateur dans un pot en terre. Pour faire le pain, il suffira de reprendre cette boule de pâte. Vous devrez la sortir du réfrigérateur quelques heures à l'avance. Il faudra alors la délayer dans de l'eau à 40°C, y ajouter 2 cs de farine, bien battre en aérant et laisser au repos 48 h entre 20 et 24°C.

Levains fermentescibles

On trouve dans toutes les boutiques biologiques, et dans certains magasins de produits naturels, des levains fermentescibles. Ces levains sont élaborés à partir de levain de blé inactivé issu de fermentation naturelle et provenant de l'agriculture biologique. Il contient du gluten. Ce levain se présente sous forme de poudre et s'utilise comme une levure. Il est particulièrement recommandé pour la fabrication du pain complet (voir « Levain, levure », p.32).

La fabrication du pain

La panification est le résultat de la fermentation puis de la cuisson d'une pâte : c'est un mélange de farine panifiable avec du levain ou de la levure, de l'eau et du sel. Dans toute bonne recette, les proportions sont variables selon les qualités des ingrédients, les goûts et le tour de main. Dans toutes les recettes de pain, la farine représente 50 % du poids de la pâte, l'eau 29 %, le levain 20 % et le sel 1 %.

Le sel

Il est un composant de base de la pâte. Le sel fin marin est le plus indiqué pour la préparation du pain. Il améliore les qualités plastiques de la pâte en lui donnant une certaine fermeté. Le sel aide également à la coloration de la croûte lors de la cuisson. On conseille l'utilisation du sel fin bien sec car si vous devez en ajouter il se dissoudra sans eau au contact de la pâte humide pendant le pétrissage. Si vous voulez utiliser du gros sel, faites-le d'abord fondre dans un peu de liquide prélevé dans la quantité à utiliser. Il faut éviter le contact du sel avec le levain ou la levure, qui peut empêcher de lever correctement.

Le tamisage

Avant toute utilisation de farine, que ce soit pour le pain ou la pâtisserie, pensez toujours à tamiser la farine avec un gros tamis de manière à la rendre fluide. Si vous utilisez de la farine complète, vous pouvez l'utiliser telle quelle, le son lui donnant une certaine fluidité. Mais si vous voulez la tamiser légèrement, votre tamis doit être assez gros afin de laisser passer une bonne partie du son.

Le pétrissage

Le pétrissage consiste à mélanger tous les ingrédients pour obtenir une pâte bien malaxée. La température de la pièce doit être de 22 à 25°C et la température de l'eau de 25 à 30°C. Vous obtiendrez ainsi une bonne levée et une bonne homogénéité du pain. Dès que la pâte ne colle plus aux doigts, travaillez en l'étirant et en la soulevant des deux mains, et en la rabattant vivement de manière à incorporer de l'air, cela jusqu'à ce que la pâte soit suffisamment élastique. On peut à ce moment saupoudrer de la farine si la pâte colle encore un peu aux doigts. Certains robots ménagers pétrissent bien la pâte mais la quantité est faible (1 kg environ), on peut aussi trouver de petits pétrins électriques d'occasion qui ne sont plus utilisés par les boulangers modernes.

Chaque fois que vous ferez du pain avec une farine différente, la quantité d'eau pourra varier sensiblement. Cela est dû aux variétés de blé, à la maturité et à la méthode de mouture. Il sera plus facile pour vous d'ajouter de la farine en pétrissant plutôt que d'ajouter de l'eau.

Faire lever la pâte

La première fermentation s'appelle « le pointage » et la seconde « l'apprêt ». Il faut toujours utiliser des ingrédients à température de la pièce (entre 22 et 25°C), et laisser lever la pâte à cette température jusqu'à ce qu'elle double de volume. Il est possible de faire lever la pâte au soleil en été, près du radiateur ou du chauffage au sol en hiver. Dans tous les cas, les courants d'air sont à éviter. On doit couvrir la pâte avec une couverture.

Le temps de fermentation dépend de la température ambiante de la pièce. Une cuillerée à café de miel ajoutée à la levure favorise « la pousse » sans modifier le goût du pain.
Pour vérifier que la pâte est bien levée, enfoncez légèrement un doigt dedans, la trace doit s'effacer presque immédiatement.

La cuisson

Mettre la lèchefrite en bas du four plein d'eau : la vapeur ainsi dégagée au cours de la cuisson empêche le dessèchement.

Installer la plaque sur laquelle on déposera les tourtes dès le préchauffage : cela permet d'éviter que la pâte ne retombe.

Préchauffer le four au maximum, enfourner rapidement. Laisser cuire 1 h environ. Si le pain prend trop de couleur, réduire un peu après 30 min de cuisson. Sortir le pain et le laisser refroidir sur une grille.

Le four

Un four familial suffit, le four électrique permet une température constante facile à régler. Il est préférable d'utiliser des moules pour les pains complets. Si vous avez la chance de pouvoir disposer d'un ancien four à pain, chauffé au bois ou tout simplement d'en avoir reconstruit un, la tâche ne sera pas facile au départ mais une fois le tour de main pris, quel plaisir et quelle joie de se retrouver en famille ou avec des amis pour « faire une fournée » !

Les machines à pain

Aujourd'hui toutes les marques d'électroménager proposent des machines à pain pratiquement identiques, avec seulement deux matériaux en ce qui concerne la cuve : téflon et schiste. Le grand avantage : très facile d'emploi, il suffit de quelques minutes le soir pour préparer dans la cuve les ingrédients et, à votre réveil, la maison embaumera le pain chaud. Vous pourrez surtout utiliser des produits de très bonne qualité (biologique, naturel, diététique...).

Pain complet machine à pain

POUR UN PAIN D'ENVIRON 1,350 KG

500 ml d'eau
2 cs d'huile d'olive
1 cs de sel ou 1 grande dose machine
2 cs de miel ou 2 grandes dosc machine
760 g de farine complète
3 cc ou 3 petites doses machine de levain fermentescible biologique

POUR UN PAIN D'ENVIRON 700 G

310 ml d'eau
1 cs d'huile d'olive
2 cc de sel
1 cs de miel
500 g de farine complète
2 cc de levain fermentescible biologique

- Bien placer les pales dans la machine. Verser une cuillère d'huile d'olive sur chaque pale. Ajouter l'eau, le sel, le miel, puis la farine.
- Ajouter le levain en le posant sur la farine (il ne doit pas être en contact avec le sel).
- Fermer le couvercle, sélectionner : « taille du pain : 1,350 kg » (ou « 700 g »), « couleur moyenne », choisir le programme correspondant au pain complet et appuyer sur « marche ».
- Au moment du bip, vous pouvez ajouter, selon votre goût, des graines de sésame, de lin, de courge...

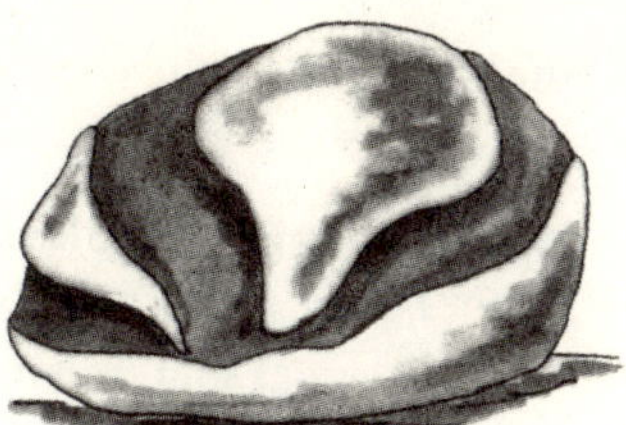

Quelques suggestions pour la machine à pain

Tout en respectant la quantité de farine, vous pouvez faire des mélanges de manière à personnaliser votre pain.

La farine de seigle est très riche en vitamines et en sels minéraux mais elle n'a pas de gluten. Pour la fabrication du pain, elle doit constituer moins du tiers de la quantité de farine.

La farine de soja est très riche en protéines et en lécithine (utiliser moins de 10 % de la quantité totale de farine).

Pour les farines de millet, d'avoine, de maïs, d'épeautre et de châtaigne, utiliser moins de 20 % de la quantité totale de farine.

Le sel renforce la structure du gluten, rend la pâte plus élastique et régule la levée de cette dernière. Trop de sel ralentit la fermentation tandis qu'un manque de sel provoque une levée trop rapide de la pâte suivie d'un affaissement du pain en cours de cuisson.

Levure ou levain : seuls seront utilisés les produits déshydratés instantanés se présentant sous forme de granules ou de poudre. (On trouve toutes sortes de produits en boutique bio).

Le sucre ou le miel stimulent le levain, rendent la pâte plus molle et plus fine, améliorent la conservation. Trop de sucre augmente le processus de fermentation et le pain peut s'effondrer.

Matières grasses : l'huile, comme le beurre, contribue à rendre le pain plus moelleux et améliore son goût et sa conservation.

Autres ingrédients : raisins, graines et graines germées, fruits, légumes déshydratés, herbes, fromages, noix, noisettes, charcuteries... peuvent être ajoutés au signal sonore. Vous pouvez ajouter 100 à 150 g de ces ingrédients.

Les pains nature de base

Pain complet du moulin

POUR CINQ PAINS ENVIRON

2 kg de farine type 65
1 kg de farine complète de meules
60 g de sel fin marin
1,8 l d'eau à 25 °C environ
40 g de levure fraîche

• Le levain : délayer la levure dans 0,8 l d'eau. Bien remuer pour dissoudre. Ajouter 1 kg de farine, mélanger afin d'obtenir une pâte un peu molle. Couvrir et mettre dans un endroit à 25°C environ pendant 3 h.

• La pâte : mélanger le reste de farine, le reste d'eau tiède et le sel. Ajouter ensuite le levain et mélanger jusqu'à ce que la pâte ne colle plus aux doigts.
• Laisser reposer 2 h couvert, à une température de 25°C.
• Mettre la pâte sur le plan de travail fariné, pétrir en tapant et en soulevant.
• Former les boules de pain, les déposer dans des moules (à cake par exemple, uniquement pour les pains complets). Faire deux ou trois entailles avec une lame de rasoir, couvrir et laisser à une température de 25°C pendant 2 h.
• Chauffer le four à 250°C maximum en ayant mis auparavant la lèchefrite remplie d'eau en bas du four.
• Enfourner une heure environ – suivant la taille des pains – et baisser la température au bout d'un quart d'heure si le pain prend trop de couleur.

Pain complet du Bournat

250 g de mouture du moulin
250 g de farine tamisée
25 g de levure de boulanger
350 g d'eau (à 25° C environ)
15 g de sel

- Dans un bol, délayer la levure avec un peu d'eau.
- Mettre le sel dans un grand saladier, le dissoudre avec un peu d'eau.
- Ajouter le mélange des deux farines et le reste d'eau. Mélanger puis incorporer la levure. Travailler le tout.
- Quand la pâte commence à s'amalgamer, la pétrir sur le plan de travail fariné. Soulever, étirer, plier la pâte sur elle-même pendant une bonne dizaine de minutes. La pâte doit être souple et lisse.
- Rassembler la pâte en une boule. La remettre dans le saladier et la recouvrir d'un linge. La laisser lever pendant une heure dans une pièce à température ambiante de 25°C minimum (1ère fermentation).
- Façonner une boule de pâte bien lisse. La recouvrir et la laisser lever à température ambiante, à 25°C, pendant une heure (2nde fermentation).
- Entailler la boule en travers à l'aide d'une lame (trois entailles).
- Mettre à four bien chaud (210°C) pendant 20 min, puis 15 min à 190°C.
- Quand le pain est cuit, le sortir rapidement du four et le poser sur une grille ou un linge bien sec, à l'abri des courants d'air.

Pain de Vienne

760 g de farine légèrement tamisée
500 ml d'eau tiède
2 cs d'olives
1 cs de sel
50 g de levure de boulanger fraîche

- Mettre l'eau (25°C environ) dans un saladier avec la levure émiettée, mélanger.
- Ajouter l'huile, la farine et le sel. Pétrir énergiquement et laisser reposer dans une pièce à 22-25°C pendant une heure environ.
- Travailler de nouveau la pâte pour faire sortir l'air. La diviser en quatre morceaux.
- Étaler chaque morceau au rouleau à pâtisserie et rouler de manière à former un gros cigare.
- Laisser reposer de nouveau 30 min. Préchauffer le four à 240°C et cuire 30 min.

Les pains gourmands

Pain aux noisettes

100 g de farine de seigle
200 g de farine complète
200 g de farine type 45
1 cc de levain fermentescible (en rayon diététique)
200 ml de lait
110 ml d'eau
100 g de noisettes
1 cs de miel
1 cc de sel
beurre pour le moule

- Mixer les noisettes.
- Dans un grand saladier ou un robot, verser l'eau, le lait, le miel, le sel et les trois farines. Former un puits et ajouter le levain et la poudre de noisettes.
- Pétrir très énergiquement pour faire une boule lisse et homogène, fariner, couvrir avec un linge et laisser reposer une heure à l'abri des courants d'air et à une température ambiante de 25°C.
- Reprendre la pâte et pétrir de nouveau, former un ou deux pains, mettre dans un moule à cake beurré, faire deux ou trois entailles, laisser reposer encore une heure comme précédemment. Enfourner à four chaud (210°C) pendant une heure.
- Démouler et laisser refroidir sur une grille.

Pain aux lardons

200 g de farine complète
300 g de farine type 55
1 cc de levain fermentescible
1 cs de sucre
310 ml d'eau
150 g de lardons maigres
6 échalotes
1 cs d'huile d'olive
1 cs d'origan
sel, poivre

- Dans une poêle, dorer légèrement les lardons et les échalotes, laisser refroidir sur du papier absorbant.
- Mélanger l'eau tiède, le sel, l'huile, le sucre, l'origan, les farines et le levain. Pétrir jusqu'à obtention d'une pâte bien souple.
- Couvrir et laisser lever une heure à l'abri des courants d'air et à une température de 25°C.
- Retravailler la pâte en étirant et en soulevant bien pour incorporer les lardons et les échalotes, former un ou deux pains, fariner les boules, les mettre dans un moule à cake, laisser lever encore une heure.
- Enfourner à four chaud (240°C) pendant une heure.
- Démouler et laisser refroidir sur une grille.

Pain aux figues

250 g de farine blanche type 55
300 g de farine complète type 150
10 g de sel
60 g d'huile d'olive
15 g de levure de boulanger
300 g d'eau tiède
400 g de figues fraîches

- Mélanger 70 ml d'eau tiède avec le sel, émietter la levure dans cette eau et ajouter 60 g de farine complète. Pétrir et laisser reposer 10 min. Verser le reste de farine, l'eau et l'huile dans le bol du robot, ajouter le levain, pétrir 10 à 15 min, verser dans un saladier. Laisser lever la pâte pendant 2 h, bien couverte et surtout à l'abri des courants d'air.
- Couper les figues en quatre, les faire revenir rapidement dans du beurre et laisser refroidir.
- Huiler deux moules à cake. Préchauffer le four à 200°C. Mélanger énergiquement la pâte à pain et les figues, garnir les moules et laisser encore lever pendant 30 min.
- Enfourner 30 à 40 min.

Délicieux en accompagnement de foie gras.

Les fougasses

Fougasse aux herbes

400 g de farine type 55
400 g de farine complète
500 ml d'eau
3 cs d'huile d'olive
3 cc de levain fermentescible
1 jaune d'œuf
1 cs d'origan frais haché
1 cs de persil frais haché
1 cs de coriandre fraîche hachée
1 cs de ciboulette fraîche hachée
1 cs de basilic frais haché
2 cc de sel

- Mélanger dans un saladier ou un robot l'eau tiède, l'huile, le sel, les farines et le levain.
- Pétrir énergiquement pendant 10 min.
- Laisser reposer 30 min, puis incorporer toutes les herbes en pétrissant bien.
- Poser les fougasses sur la plaque du four fariné, couvrir et laisser lever 1 h 30 à 25°C. Dorer les fougasses à l'œuf légèrement battu avec un peu d'eau.
- Préchauffer le four à 210°C et cuire 20 à 30 min.

Fougasse aux olives

500 g de farine complète légèrement tamisée
2 cc de levain fermentescible
250 ml d'eau tiède
2 cs d'huile d'olive
70 g d'olives noires
30 g d'olives vertes
1 cc de sel

- Dénoyauter les olives et les couper en deux.
- Dans un saladier, verser l'eau, l'huile, le sel, la farine et les olives.
- Pétrir vigoureusement jusqu'à obtention d'une pâte souple.
- Laisser lever une heure, travailler de nouveau, puis étaler avec un rouleau en une galette oblongue d'un centimètre d'épaisseur.
- Déposer sur une plaque farinée chaude, badigeonner d'huile d'olive avec un pinceau.
- Faire des entailles en pressant avec le dos d'une cuillère pour former un vide.
- Laisser lever encore 20 min.
- Mettre à four chaud (230°C) pendant 30 min.

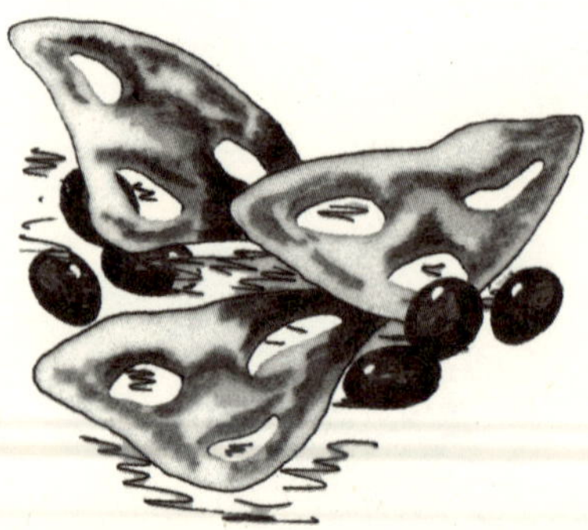

Redécouvrir les tartines !...

salées...

Vous avez la chance de posséder un vieux four à bois, que vous avez restauré... Ou un four en briques, que vous avez construit ou acheté, on en trouve dans les grandes surfaces de bricolage... Ou bien encore un simple four électrique qui vous permet de faire plusieurs pains... Ou alors une ou deux machines à pain... Et voilà, vous allez pouvoir organiser une rencontre où tout le monde va « mettre la main à la pâte », faire toutes sortes de pains et les servir avec différents accompagnements ! Et chacun fera « ses tartines » à sa manière.

Quel bonheur ! Et quel partage !

- Le *tòti* ou *roustido* provençal : faire des tranches d'un petit centimètre, les griller très légèrement, les frotter avec de l'ail, laisser couler un filet d'huile d'olive bien fruitée, délicieusement parfumée, ajouter éventuellement un filet d'anchois.
- Ou bien prendre des tomates confites à l'huile d'olive, ajouter de l'ail écrasé, du basilic ciselé et des pignons. Mixer très légèrement et tartiner les tranches tiédies.
- Ou encore, griller des aubergines ou des poivrons (rouges, orange ou jaunes). Les peler. Mixer en ajoutant ail, jus de citron, sel, poivre, huile d'olive... et tartiner.
- Ou tout simplement, tartiner avec de la tapenade, de l'anchoïade, de la purée de pois chiches avec ail et jus de citron, du yaourt grec avec du concombre...
- Dans le Quercy, *una freto* est une tartine grillée frottée avec une gousse d'ail et arrosée d'huile de noix.

- Sur une tartine de pain complet, étaler une très fine couche de gelée de figues et déposer une fine tranche de foie gras de canard.

• Ou faire légèrement tiédir les tartines, y déposer une tranche de foie gras de canard, râper de la truffe fraîche et saupoudrer d'une pincée de fleur de sel de Guérande.
• Sur des tartines de pain complet un peu grillées, il est également possible de déposer un fromage de chèvre bien crémeux. L'écraser légèrement avec la pointe d'un couteau, arroser de miel tiédi, saupoudrer de ciboulette finement ciselée.
• Sur des tartines tièdes, étaler une couche de fritons de canard et quelques rondelles de tomates ou quelques feuilles de roquette.
• Aveyronnaise : prendre des tartines complètes, les tartiner avec de la brousse de brebis à température ambiante, garnir avec des demi-cerneaux de noix.
• Faire griller de la « ventrêche » (poitrine fumée) et la déposer sur une belle tranche de pain bien bis. Puis ajouter une ou plusieurs tranches de tomme de Cantal fraîche. Passer au four jusqu'à ce que le fromage commence à fondre. Accompagner de salade.
• Sur des tartines de pain complet encore un peu tièdes, étaler du roquefort bien gras et bien bleu, ajouter quelques cerneaux de noix et une figue fraîche coupée en deux.
• Bord de mer : sur du pain complet, tartiner du beurre salé, y déposer des crevettes décortiquées et marinées préalablement dans une sauce thaï.
• Sur une tranche de pain complet encore tiède, tartiner une sauce au curry et y déposer des filets de hareng marinés.
• *Pan con tomato* : faire griller une tranche de pain complet, la frotter avec une gousse d'ail. Prendre une demi-tomate bien ferme et la frotter sur le pain, arroser d'un filet d'huile d'olive parfumé au thym... Savourez !

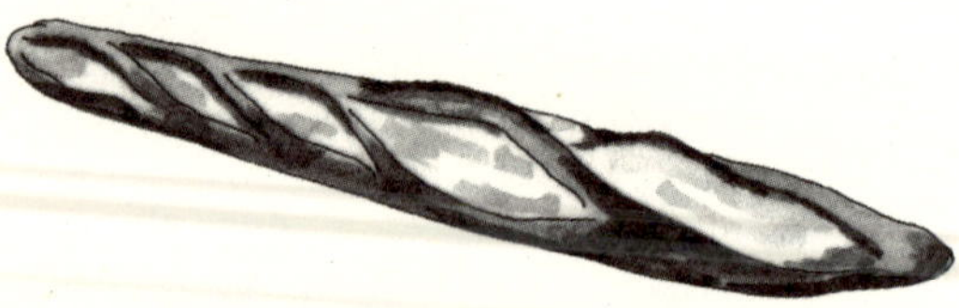

... et sucrées !

Rien de plus naturel pour les goûters et petits creux des enfants, et même des adultes, qu'une bonne tartine. Surtout avec du pain complet encore tiède.

• Sur de belles tranches, tartiner du fromage frais de vache (genre faisselle), recouvrir de miel et de noix brisées.
• Faire griller légèrement les tranches et tartiner avec de la ricotta puis avec de la gelée de figues.
• Bien sûr, toutes les confitures maison permettent tous les mélanges, de même que le chocolat fondu (noir et au lait), les crèmes et les duo sucré-salé.

Tartines aux tomates et basilic

1 baguette complète
100 g d'olives dénoyautées
1 boule de mozzarella
1 gousse d'ail
3 cs d'huile d'olive
3 ou 4 tomates
2 échalotes hachées
1 cs de basilic haché
sel, poivre

• Couper la baguette en biais et en tranches d'un centimètre d'épaisseur.
• Frotter avec l'ail et faire griller très légèrement au gril du four.
• Dans une sauteuse, faire revenir dans l'huile d'olive les tomates et les échalotes.
• Saler, poivrer et laisser cuire 5 min.
• Couper la mozzarella et les olives en dés, les incorporer aux tomates.
• Répartir l'appareil sur les tartines et garnir avec le basilic haché.
• Servir aussitôt au goûter ou en cocktail.

Tartines de ricotta

1 baguette complète
200 g de ricotta
2 cs de basilic haché
1 cs d'ail écrasé
2 ou 3 cs de poivron haché (mélanger rouge, vert, jaune et orange)
huile d'olive
sel, poivre

- Couper la baguette en tranches d'un centimètre, faire griller très légèrement.
- Dans un saladier, mettre la ricotta, le mélange de poivrons, l'ail, le sel et le poivre.
- Bien mélanger en versant peu à peu l'huile jusqu'à obtention d'une pâte homogène.
- Tartiner cette préparation sur le pain.
- Saupoudrer de basilic haché.

Ces tartines peuvent être utilisées pour un cocktail, un apéritif ou un goûter.

Petits fours et Cie

Petits fours aux légumes

Pour 60 petits fours environ

1 belle tomate
1 belle courgette
1 oignon
persil
100 g de crème fraîche
50 g de farine complète
3 œufs
40 g de parmesan râpé
sel, poivre

- Couper la tomate et la courgette avec la peau en très petits cubes.
- Hacher l'oignon et le persil.
- Dans un saladier, mélanger tous les légumes puis ajouter la crème fraîche, la farine, les œufs et le parmesan.
- Saler, poivrer, mélanger.
- Verser dans des petits moules de 3 ou 4 cm de diamètre.
- Servir froid ou légèrement tiède.

Vous pouvez varier les légumes : potirons, patates douces...

Blinis

POUR 40 BLINIS ENVIRON

50 g de levure de boulanger
50 cl de lait
100 g de farine blanche
200 g de farine complète
3 œufs
1 cs de sel
poivre (4 tours de moulin)

- Mélanger les deux farines. Émietter la levure dans un bol avec un verre de lait à 25°C. Ajouter 100 g de farine et battre une dizaine de secondes.
- Laisser le levain pousser dans le bol pendant environ 1 h 30.
- Ajouter ensuite dans un saladier le levain, les œufs, le sel, le poivre et mélanger. Verser ensuite le reste du lait et des farines. Battre énergiquement.
- Laisser reposer dans le saladier environ une heure.
- Lorsque la pâte est suffisamment levée, faire chauffer une poêle légèrement huilée. Déposer trois petites louches de pâte, assez espacées pour éviter que les blinis ne se touchent. Faire cuire une minute de chaque côté. On peut aussi utiliser une poêle à blinis.
- Servir avec du saumon fumé, des œufs de poisson...

Les cakes

Cake au potiron ou potimarron

500 g de potiron ou potimarron
4 œufs
100 g de farine complète
250 g de champignons
2 cs de crème fraîche
100 g de gruyère râpé
20 olives vertes dénoyautées
30 g de pignons de pin
sel, poivre, noix de muscade, persil

- Faire cuire le potiron avec un fond d'eau. L'égoutter dans une passoire. Faire une purée.
- Émincer les champignons et les faire revenir à la poêle.
- Battre les œufs en omelette.
- Couper les olives en rondelles.
- Mélanger la purée, les œufs, la farine, les champignons, la crème, le gruyère, les olives, les pignons.
- Assaisonner.
- Beurrer le moule à cake, verser la préparation.
- Mettre à four chaud (180°C) pendant 45 min.

Cake au fromage de chèvre frais

250 g de farine complète
100 g de fromage de chèvre frais
1 yaourt nature
4 cs d'huile d'olive
4 œufs
2 tranches de jambon cru
100 g d'olives vertes dénoyautées
1 sachet de levure
50 g de beurre fondu

- Mélanger la farine et la levure.
- Mélanger ensemble les œufs, le yaourt, l'huile, le fromage émietté, les olives, le jambon coupé en petits carrés et le beurre fondu froid.
- Beurrer le moule à cake.
- Verser la préparation et mettre à four chaud (180°C) pendant 45 min.

Peut se servir tiède, avec une salade, ou froid, découpé en petits cubes, pour l'apéritif.

Cake auvergnat

3 œufs
150 g de farine complète
1 sachet de levure
½ verre d'huile d'olive
½ verre de lait
100 g de gruyère râpé
100 g de champignons
100 g de jambon d'Auvergne
100 g de tomme d'Auvergne
sel, poivre

- Dans une poêle, faire revenir les champignons dans de l'huile et saler légèrement.
- Couper le jambon et le fromage en cubes.

• Dans un saladier, mettre la farine, la levure puis les œufs. Incorporer l'huile, le lait tiède et le poivre.
• Ajouter le gruyère râpé, les champignons, le jambon et le fromage. Bien mélanger, verser dans un moule à cake et laisser reposer 30 min.
• Mettre au four préchauffé à 180°C pendant 45 min.

Cake aux olives

200 g de farine complète
150 g de jambon en cubes
3 œufs
100 g d'olives dénoyautées vertes et noires
½ verre d'huile d'olive
½ verre de lait
1 paquet de levure
sel, poivre, ciboulette ou persil, muscade

• Battre les œufs dans un saladier. Ajouter ensuite le jambon, l'huile, le lait, les olives et les assaisonnements.
• Mélanger la farine et la levure, ajouter ensuite à la préparation.
• Beurrer un moule à cake, verser la pâte.
• Mettre à four chaud (180°C) pendant 45 min.

Cake aux poireaux et saumon

200 g de blancs de poireaux
200 g de saumon frais
3 œufs
150 g de farine complète ou intégrale
1 sachet de levure
100 g de parmesan
1 verre d'huile d'olive
1 verre de lait
2 ou 3 brins de fenouil
sel, poivre

• Faire revenir les blancs de poireaux dans une cuillère à soupe d'huile d'olive, laisser refroidir. Cuire le saumon à la vapeur, l'écraser très grossièrement à la fourchette.
• Dans un saladier, mettre la farine et la levure. Mélanger, faire un puits, ajouter les œufs et fouetter vigoureusement en incorporant l'huile puis le lait chaud.
• Ajouter les blancs de poireaux, le saumon, le parmesan et les brins de fenouil.
• Beurrer un moule à cake, verser la préparation, enfourner à 180°C pendant 45 min.

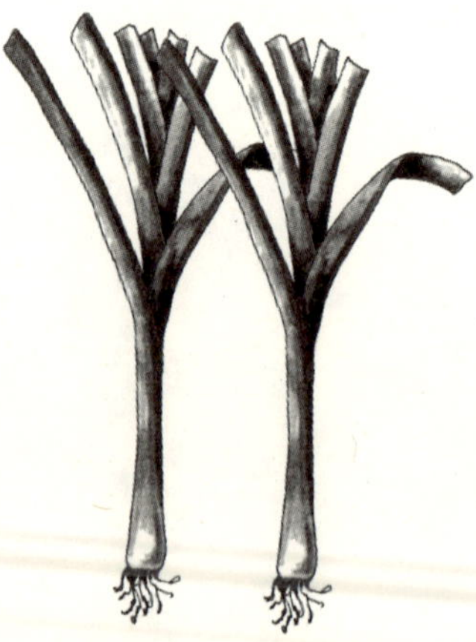

Cake aux tomates séchées et mozzarella

3 œufs
150 g de farine complète
1 sachet de levure
½ verre d'huile d'olive
½ verre de lait
100 g de gruyère râpé
200 g de mozzarella
10 tomates séchées
10 feuilles de basilic
sel, poivre

• Couper la mozzarella en cubes et la mélanger avec les tomates et le basilic ciselé.
• Mélanger la farine et la levure, ajouter les œufs, l'huile (on peut utiliser l'huile dans laquelle ont été conservées les tomates) et le lait tiède.
• Incorporer ensuite le gruyère et le mélange mozzarella, tomates, basilic, sel et poivre.
• Verser dans un moule à cake et mettre au four préchauffé à 180°C pendant 35 min.

Préparation des tomates séchées

• Choisir de préférence des tomates olivettes bien mûres. Les couper en deux et les laisser égoutter une heure.
• Les retourner, les saupoudrer légèrement de sel fin mélangé avec un peu de sucre en poudre.
• Les poser ensuite sur des grilles et laisser dessécher au soleil (40 à 50°C) au moins 4 h puis renouveler l'opération deux ou trois après-midi de suite. (On peut utiliser un four chauffé à 50°C pendant 7 ou 8 h.)
• Une fois les tomates bien sèches, les plonger dans du vinaigre blanc quelques minutes. Les égoutter, les mettre dans un bocal en intercalant des herbes fraîches (thym, romarin, basilic...) puis recouvrir d'huile d'olive. Les tomates peuvent ainsi se conserver un an au réfrigérateur.

Les tartes salées

Pâte à tarte pour entrée

1 œuf
160 g de farine complète
100 g de farine blanche
50 g de beurre
2 cs d'huile d'olive
4 cs de lait
1 pincée de sel

• Faire un puits avec la farine, y mettre tous les ingrédients, pétrir et laisser reposer 30 min.

Autre recette idéale pour le robot

• Verser dans le bol du robot 7 cs d'eau, une pincée de sel, ajouter 100 g de beurre mou, 150 g de farine complète et 150 g de farine blanche. Mixer 2 min environ, laisser reposer 30 min. Ces deux recettes conviennent aussi bien pour des plats sucrés que pour des plats salés.

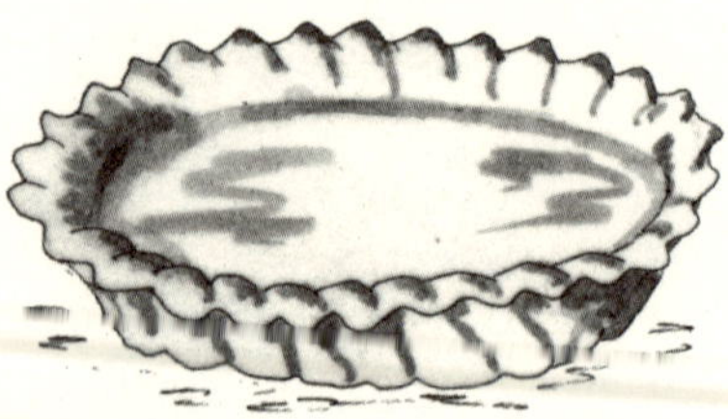

Tarte aux herbes fraîches

Pour la garniture

4 œufs
6 dl de lait
4 cs de crème fraîche
1 botte de ciboulette
1 botte de persil
1 botte d'estragon
sel, poivre

- Faire la pâte pour entrée page 66.
- Mélanger dans un saladier les œufs, la crème, le lait puis toutes les herbes lavées, essorées et hachées. Saler, poivrer.
- Étaler la pâte, verser la préparation aux herbes.
- Mettre à four chaud (180°C) pendant 45 min.

Variante

Vous pouvez ajouter des lamelles de jambon pour faire un plat principal, et servir avec une salade.

Tarte aux épinards

Pour la garniture

500 g d'épinards frais
100 g de crème fraîche
5 cs de lait
4 œufs
30 g de beurre
80 g de fromage râpé
200 g de fromage blanc
sel, poivre, muscade

- Faire la pâte pour entrée page 66.
- Faire cuire 2 œufs et les écaler.
- Faire fondre le beurre dans un poêlon, ajouter les épinards et laisser cuire à feu doux 5 à 6 min.
- Retirer du feu, ajouter le fromage blanc, le sel, le poivre, la muscade et les 2 œufs durs émiettés.

- Battre 2 œufs avec la crème et le lait.
- Étaler la pâte et verser la préparation.
- Saupoudrer de fromage râpé.
- Mettre à four chaud (200°C) pendant 30 à 35 min.

Tarte à l'oignon

Pour la garniture
500 g d'oignons
5 œufs
30 cl de lait
2 cs de crème fraîche
150 g d'emmental râpé
1 poignée de raisins secs
sel, poivre, ciboulette

- Faire la pâte pour entrée page 66.
- Couper les oignons en rondelles fines et les cuire à la vapeur 10 min.
- Étaler la pâte, la garnir avec les oignons, saupoudrer de fromage.
- Dans une jatte, battre les œufs, ajouter la crème fraîche, le lait, la ciboulette hachée, le sel et le poivre.
- Verser sur les oignons.
- Cuire à four chaud (200°C) pendant 45 à 50 min.

Pizza, quiche et tourte

Pizzarella

Pâte à pain

230 g de farine de meules complète
½ cc de levain fermentescible
1 cc de sel
2 cs d'huile d'olive
4 cs d'eau tiède

Pour la garniture

6 tomates bien mûres
1 oignon
100 g de champignons
100 g de mozzarella
50 g de parmesan
Câpres, origan, olives

- Mélanger l'eau tiède salée, l'huile, la farine et le levain. Pétrir la pâte, la couvrir et la laisser reposer 2 h. Abaisser la pâte en un cercle de 30 cm et la mettre sur une plaque farinée.
- Étaler les oignons et les tomates préalablement cuits, la mozzarella, les champignons émincés, les câpres, les olives, l'origan et le parmesan.
- Mettre à four chaud (210°C) pendant 35 min.

Quiche Anna

100 g de farine complète
4 œufs
200 g de gruyère râpé ou de parmesan
½ l de lait
200 g de jambon haché à la moulinette
sel, poivre, muscade, persil

- Mettre la farine dans une jatte et y mélanger tous les ingrédients.
- Verser dans un moule à tarte bien beurré.
- Mettre à four chaud (180°C) pendant 30 à 35 min.

Tourte au roquefort

200 g de roquefort
250 g de poireaux
40 g de farine complète
40 g de beurre
½ l de lait
4 œufs
sel, poivre, noix de muscade
2 pâtes feuilletées

- Dans une casserole, délayer la farine et le lait, porter à ébullition. Ajouter le beurre.
- Faire suer les poireaux émincés très finement, les ajouter à la préparation ci-dessus et incorporer le roquefort. Laisser refroidir et ajouter les œufs, le sel, le poivre et la muscade.
- Étaler la pâte feuilletée. Ajouter l'appareil.
- Recouvrir avec l'autre pâte et coller les bords au jaune d'œuf.
- Cuire à four chaud (200°C) pendant 40 à 45 min.

Les soufflés

Soufflé au cantal doux

100 g de farine complète
½ l de lait
4 œufs
150 g de cantal doux râpé
sel, poivre, muscade

• Délayer la farine avec le lait froid, porter à ébullition.
• Saler, poivrer, ajouter un peu de muscade.
• Incorporer les 4 jaunes d'œuf et le cantal.
• Battre les blancs en neige très ferme, les mélanger délicatement à la préparation.
• Beurrer le moule à soufflé, verser doucement la préparation.
• Mettre à four chaud (220°C) pendant 40 à 45 min.

Variante

Remplacer le cantal par d'autres fromages en gardant la même proportion (emmental, gruyère, parmesan, roquefort, tomme de chèvre, de brebis...).

Soufflé au jambon

100 g de farine complète
½ l de lait
4 œufs
150 g de gruyère râpé
200 g de jambon

• Délayer la farine avec le lait froid, porter à ébullition puis retirer du feu. Ajouter les jaunes d'œuf, le gruyère et le jambon haché.
• Saler, poivrer.

• Monter les blancs en neige ferme.
• Incorporer très délicatement à la préparation.
• Beurrer le moule à soufflé, verser doucement la préparation.
• Mettre à four chaud (220°C) pendant 40 à 45 min.

Variante

Remplacer le jambon par la même quantité de restes de viande ou de poisson haché grossièrement, mais aussi par des légumes en purée (épinards, carottes, aubergines...).

Les gratins

Sauce béchamel

50 g de farine complète
½ l de lait
½ cc de sel
poivre, muscade

• Dans une casserole, délayer la farine avec le lait froid. Ajouter sel, poivre et muscade.
• Chauffer à feu doux en remuant avec un fouet en permanence jusqu'à ébullition.

Cette sauce est légère et diététique, elle ne comprend pas de matière grasse chauffée. Toutefois, vous pouvez incorporer un peu de beurre ou de crème fraîche après ébullition.

Variante

Il est possible d'utiliser cette recette pour gratiner tous les légumes d'hiver – poireau, salade à cuire (sucrine), chou blanc, chou vert, chou-fleur, bette.

Ces plats seront excellents le soir avec une salade, riches et légers grâce à la farine complète, et sans matière grasse.

Endives au jambon

8 endives
8 tranches de jambon
100 g de gruyère ou de parmesan
50 g de farine complète
½ l de lait
½ cc de sel
poivre, muscade
citron

- Faire cuire les endives dans une bonne quantité d'eau salée et citronnée. Les égoutter dans une passoire, rouler chaque endive dans une tranche de jambon et les ranger dans un plat à gratin carré.
- Préparer la sauce béchamel (recette page précédente), ajouter le gruyère râpé ou le parmesan, verser sur les endives.
- Mettre à four chaud (180°C) pendant 45 min.

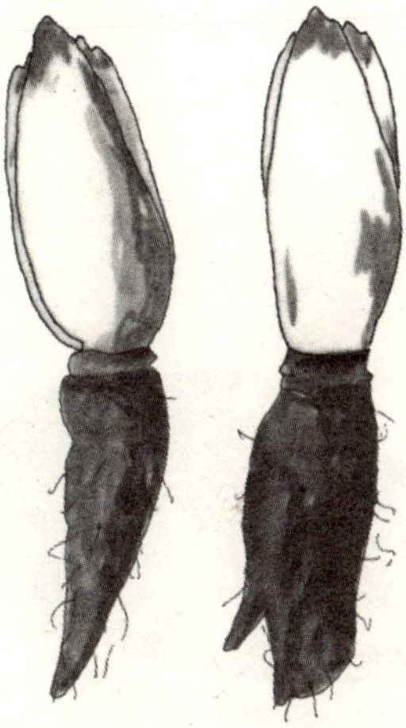

Gratin de moules aux courgettes

1 litre de moules
1 kg de courgettes
3 cs d'huile d'olive
½ l de lait
70 g de farine complète
100 g de gruyère râpé
3 œufs
sel, poivre

- Faire ouvrir les moules dans un poêlon (à feu très doux). Garder le jus.
- Couper les courgettes en rondelles et les faire revenir à la poêle dans l'huile. Saler, poivrer légèrement (le jus des moules étant salé, attention à ne pas mettre trop de sel).
- Délayer la farine avec le lait, faire épaissir à feu doux, ajouter le jus des moules et le gruyère râpé.
- Dans un plat à gratin, disposer les moules et les courgettes en couches superposées et arroser avec le jus des moules.
- Mettre à four chaud (200°C) pendant 45 min.

Aubergines à l'italienne

2 ou 3 aubergines
2 œufs
1 verre de lait
4 cs de farine complète
60 g de parmesan
4 à 5 tomates
2 gros oignons violets
1 verre d'eau
3 gousses d'ail
basilic
huile d'olive
sel, poivre

• Faire dorer les oignons dans l'huile d'olive, ajouter les tomates pelées et concassées et le verre d'eau ; laisser mijoter 15 min. Assaisonner et incorporer l'ail pilé et le basilic, saupoudrer avec une cuillerée de farine, remuer et mettre en attente.

• Couper les aubergines en rondelles d'un centimètre. Faire une pâte avec 3 cs de farine, 2 œufs, le verre de lait, le sel et le poivre.

• Faire chauffer l'huile dans une poêle, plonger les rondelles d'aubergine dans la pâte et les faire revenir de chaque côté.

• Dans un plat à gratin huilé, disposer une couche d'aubergines, saupoudrer de parmesan et napper de sauce tomates-oignons, renouveler l'opération et terminer avec du parmesan.

• Mettre à four chaud (180°C) pendant 40 min.

Clafoutis à la ratatouille

Pour la ratatouille :

3 oignons
1 tête d'ail
3 aubergines
2 poivrons rouges
2 ou 3 grosses tomates

Pour le clafoutis :

3 œufs
100 g de farine complète
2 verres de lait
100 g de parmesan
huile d'olive
2 tomates
olives noires
thym, romarin, origan
sel

- Faire la ratatouille avec les ingrédients (ou utiliser un reste de ratatouille).
- Dans un saladier, mélanger la farine, les œufs, le lait, le parmesan, le sel et le poivre.
- Incorporer à la ratatouille.
- Verser dans un plat à gratin bien huilé.
- Garnir avec des rondelles de tomates et des olives noires.
- Saupoudrer le tout avec les herbes.
- Mettre à four chaud (200°C) pendant 30 min.

Les galettes

Galettes de sarrasin

POUR 15 À 20 GALETTES

250 g de farine de sarrasin
2 cs de farine complète
2 œufs
1 cs d'huile
25 cl de lait
75 cl d'eau
sel, poivre

- Mélanger les farines, faire un puits, y mettre les jaunes d'œuf, le sel, le poivre, l'huile, le lait et l'eau. Battre pour obtenir une pâte épaisse.
- Monter les blancs en neige ferme et incorporer à la pâte.
- Laisser reposer une heure. Si elle est trop épaisse, diluer la pâte avec du lait.
- Faire cuire dans une poêle légèrement beurrée la proportion d'une petite louche.

Galettes végétales

POUR 10 À 12 GALETTES

150 g de farine complète
1 œuf
1 poignée d'olives
1 pincée de feuilles de thym
4 cs d'huile d'olive
1 morceau de céleri-rave
1 carotte
1 navet
1 poireau
1 oignon
½ cc de sel

• Émincer tous les légumes et les faire blondir dans l'huile.
• Mélanger la farine avec les olives finement hachées, l'œuf, le sel, le thym et un peu d'eau de manière à obtenir une pâte un peu plus épaisse qu'une pâte à crêpe.
• Mélanger avec les légumes, former des petites galettes, les fariner légèrement et les faire dorer à la poêle de chaque côté.

Galettes de légumes

POUR 12 À 15 GALETTES ENVIRON

1 courgette moyenne
2 carottes
1 pomme de terre ou 1 patate douce
5 œufs
75 g de parmesan
100 ml de lait
2 gousses d'ail
100 g de farine complète
15 g de persil haché
huile d'olive
sel, poivre

- Éplucher la pomme de terre, la râper, mettre dans une passoire, passer sous l'eau et égoutter.
- Râper la courgette (sans l'avoir épluchée) et les carottes. Mettre dans un saladier tous les légumes râpés, bien mélanger.
- Dans un autre saladier, verser la farine, les œufs et le lait. Mélanger, ajouter ensuite le parmesan, l'ail, le persil, le sel et le poivre.
- Mélanger les deux préparations. Dans une poêle, faire chauffer l'huile d'olive. À l'aide d'une cuillère à soupe bombée, faire des petits tas de légumes râpés et aplatir ensuite avec une spatule. Lorsque le premier côté est bien doré, retourner les galettes, les aplatir de nouveau pour les rendre bien compactes.
- Servir très chaud avec une salade verte et de la roquette.

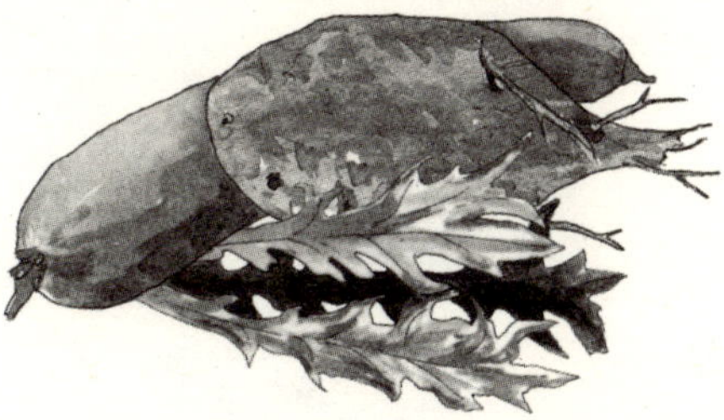

Croûtes, boulettes et pâtes

Truffes en croûte

4 truffes fraîches de 30 g chacune
1 œuf
salade mesclun
huile d'olive
fleur de sel

Pour la pâte :
120 g de farine type 85
30 g de farine d'épeautre
6 g de levure de boulanger
10 cl d'eau à 25°C
1 pincée de sel

• Préparer la pâte à pain (voir recette p. 71).
• Étaler au rouleau sur un centimètre d'épaisseur environ. Former quatre cercles de manière à emballer chaque truffe dans un morceau de pâte. Rouler avec la paume de la main afin d'obtenir des boules biens régulières. Laisser lever 30 min sous un linge.
• Dorer à l'œuf à l'aide d'un pinceau et mettre à four bien chaud (280°C) pendant 15 à 20 min environ. La croûte du pain doit être bien dorée.
• Au moment de servir, couper les pains en deux et présenter sur un lit de salade : les arômes s'échappent et c'est le bonheur !

Duo de tofu

8 tranches de pain complet aux céréales
1 bloc de tofu ferme
2 tomates
1 botte de basilic
2 cs d'huile d'olive
moutarde

• Bien égoutter le tofu, le couper en tranches fines, couper aussi les tomates en rondelles de 50 mm d'épaisseur.
• Griller les tranches de pain et les arroser d'huile d'olive. Saler, poivrer et tartiner de moutarde.
• Garnir la moitié des tranches avec le tofu, les tomates et le basilic ciselé. Recouvrir avec l'autre moitié des tranches.

Idéal pour pique-nique et en-cas.

Boulettes de pommes de terre

400 g de pommes de terre en purée
120 g de maïs en grains
50 g de beurre
3 cs d'huile d'olive
2 œufs
2 cs de farine complète
100 g de fromage râpé
sel, poivre, muscade, persil

• Dans la purée tiédie, ajouter le beurre, les œufs, le maïs, le fromage et le persil.
• Former des petites croquettes et les rouler dans la farine.
• Dans une poêle, faire chauffer l'huile et mettre les croquettes à dorer 3 ou 4 min de chaque côté.
• Servir aussitôt en accompagnement de viande grillée.

Pâtes fraîches

Pâte :
300 g de fleur de farine
200 g de farine complète
1 verre d'eau
3 œufs
sel

- Dans une jatte, mettre les farines, l'eau et les œufs. Pétrir.
- Faire une boule et laisser reposer une heure.
- Étirer la pâte à la machine plusieurs fois en suivant les indications de votre appareil.
- Laisser sécher environ 2 à 3 h, à 22 ou 23°C.
- Puis faire cuire à l'eau bouillante salée 3 ou 4 min.
- Accompagner les pâtes avec plusieurs coulis (tomates, poivrons, pesto...) et ajouter du parmesan.

L'utilisation d'une machine à étirer la pâte est conseillée : le modèle le plus simple suffit, et faire des pâtes devient ainsi un plaisir et un régal !

Recettes aux légumes

Crumble courgettes et basilic

1 kg de courgettes
100 g de parmesan en copeaux
1 poignée de feuilles de basilic
100 g de farine complète
100 g de beurre
2 échalotes
huile d'olive
sel, poivre

- Sans les éplucher, râper finement les courgettes dans un saladier puis hacher le basilic et les échalotes. Saler, poivrer.
- Faire revenir quelques minutes dans l'huile d'olive.
- Ajouter le parmesan.
- Dans une jatte, mélanger la farine, le sel, l'huile et le beurre coupé en lamelles.
- Travailler la pâte du bout des doigts jusqu'à ce qu'elle devienne granuleuse.
- Beurrer un plat à gratin.
- Répartir le mélange de légumes dans ce plat.
- Recouvrir de pâte et mettre au four (180°C) pendant 30 min.

Flan aux asperges

1 kg d'asperges
180 g de jambon de pays
50 g de farine complète
50 g de beurre
4 œufs
½ l de lait
sel, poivre, noix de muscade

• Éplucher puis blanchir les asperges dans de l'eau bouillante salée pendant 5 min.
• Égoutter.
• Préparer le flan : mélanger la farine, les œufs battus, le lait, le beurre, le sel, le poivre et la muscade.
• Beurrer un plat à gratin carré, disposer les asperges et le jambon coupé en lanières, verser sur le flan.
• Mettre à four chaud (180°C) pendant 45 min.

Fleurs de courgettes en beignets

12 fleurs de courgettes
200 g de farine complète
1 cs d'huile d'olive
3 œufs
½ l de lait
½ l d'eau
sel, poivre

• Dans un saladier, battre ensemble la farine, les jaunes d'œuf et l'huile, ajouter petit a petit l'eau et le lait. Laisser reposer.
• Rincer rapidement les fleurs, enlever le pistil.
• Battre les blancs en neige et incorporer délicatement à la pâte.
• Plonger les fleurs dans la pâte et cuire dans une poêle bien huilée 2 min de chaque côté.
• Servir chaud.

Recettes au fromage

Palets aux épinards et fromage de brebis

400 g d'épinards
100 g de tomme de brebis coupée en petits cubes
4 œufs
1 verre de lait
60 g de farine complète
40 g de beurre
sel, poivre

• Faire cuire les œufs durs, les hacher une fois refroidis. Ciseler les épinards et les faire revenir dans une sauteuse avec le beurre. Dans une casserole, mélanger la farine, le lait, le sel et le poivre. Porter à ébullition. Bien mélanger la sauce avec les épinards et la moitié du fromage. Préchauffer le four à 200°C. Sur une plaque beurrée, faire des petits tas, les aplatir à l'aide d'une spatule.
• Répartir le reste du fromage sur les palets et mettre au four 10 min.

Galettes au fromage de chèvre

6 fromages de chèvres légèrement beurrés
80 g de farine complète
30 g de beurre fondu
3 œufs
1 verre de vin blanc
huile d'olive
sel, poivre

- Mettre la farine dans un saladier, ajouter le beurre, les œufs battus, le sel, le poivre et le vin blanc.
- Écraser les fromages à la fourchette et les incorporer à la pâte, laisser reposer une heure environ.
- Dans la poêle, faire chauffer l'huile d'olive. À l'aide d'une cuillère à soupe, verser une grosse galette, l'aplatir légèrement, laisser cuire 3 min et retourner sur l'autre face.
- Servir avec une salade verte agrémentée de mâche, de roquette et d'endives.

Pain perdu ? Que non !

Pain perdu au reblochon

100 g de pain complet légèrement rassis
3 œufs
100 g de jambon de pays
100 g de reblochon
25 cl de lait
30 g de beurre
1 petite poignée de marjolaine ciselée
sel, poivre

- Chauffer le lait, laisser infuser la marjolaine 30 min.
- Battre les œufs en omelette et verser le lait tiède avec la marjolaine. Ajouter le sel et le poivre (attention, le jambon est souvent salé).
- Couper le jambon en lanières et le fromage en fines lamelles.
- Couper le pain en tranches, les beurrer légèrement.
- Tapisser le fond d'un plat à gratin avec le pain, les tranches de jambon et de fromage.
- Puis verser la préparation lait et œufs, enfourner à four chaud (210°C) pendant 25 min environ.
- Servir très chaud avec une salade.

Gâteau de pain perdu aux fruits secs

200 g de pain complet rassis
400 ml de lait (environ, cela dépend de la qualité du pain)
120 g de fruits secs mélangés : noix, pruneaux, abricots secs
50 g de beurre fondu
70 g de sucre complet
3 pincées de cannelle
3 pincées de gingembre
2 pincées de noix de muscade
2 œufs

- Émietter le pain et le faire tremper dans le lait tiède. Quand le pain a absorbé le lait, l'écraser à l'aide d'une fourchette pour obtenir une pâte grossière, ajouter les fruits, le beurre, le sucre, les épices, les œufs battus.

- Laisser reposer une heure, remuer encore, beurrer un moule à gratin et y verser l'appareil.

- Mettre à four chaud (180°C) 35 à 40 min.

Idéal pour un goûter d'enfants.

Gâteaux aux épices

Cake au safran

POUR 2 MOULES

200 g de beurre
200 g de sucre
4 cs de miel
1 paquet de levure
400 g de farine complète légèrement tamisée
6 œufs
1 pincée de stigmates de safran
100 g de raisins secs
100 g de fruits confits
1 pincée de sel
2 cs d'eau chaude

- Laisser infuser le safran 15 min dans de l'eau à 40°C et faire gonfler les raisins dans de l'eau tiède.
- Couper les fruits confits en cubes.
- Ramollir le beurre en pommade.
- Incorporer le sucre au beurre, travailler pour obtenir une consistance crémeuse puis ajouter le miel, l'infusion de safran et le sel.
- Incorporer la farine mélangée à la levure, bien travailler la pâte, ajouter les œufs un à un (jusqu'ici, on peut utiliser un robot afin que le mélange soit plus homogène). Verser ensuite dans un saladier et ajouter les fruits confits et les raisins secs.
- Verser dans deux moules à cake chemisés d'un papier sulfurisé.
- Mettre à four chaud (180°C) pendant 45 min.

Pain d'épice

500 g de farine complète
500 g de miel
33 cl de bière
2 cs d'huile d'olive
2 cc de bicarbonate de soude
2 cs d'eau de fleur d'oranger
3 cc de sucre roux
1 cc de gingembre
1 cc de cannelle
½ cc de muscade
½ cc de sel

- Faire tiédir la bière, la mettre dans le bol du mixeur (ou utiliser un batteur), ajouter le miel et bien mélanger.
- Ajouter tous les autres ingrédients et mixer quelques minutes jusqu'à ce que le tout soit bien mélangé.
- Verser dans un saladier et laisser reposer une heure.
- Verser la pâte dans un moule à cake, cuire à four chaud (150°C) pendant 1 h 15.

Astuce

Ce pain d'épice se conserve plusieurs jours dans une boîte métallique.

Desserts aux fruits

Clafoutis aux cerises

5 œufs
70 g de sucre
1 pincée de sel
100 g de farine complète légèrement tamisée
½ l de lait
500 g de cerises noires
1 cs de kirsch ou de vanille
beurre

- Beurrer et fariner un plat à gratin, y déposer les cerises.
- Faire chauffer le lait à 60°C environ.
- Mélanger les œufs, le sel, le parfum, le sucre puis la farine, ajouter le lait chaud en remuant énergiquement.
- Napper les cerises avec cette préparation et enfourner à 180°C pendant 40 min.

Crumble aux pommes et à la cannelle

2 ou 3 pommes
150 g de beurre
150 g de sucre
80 g de poudre d'amande
80 g de farine complète
1 citron
½ cc de cannelle

- Travailler 80 g de sucre et le beurre coupé en lamelles. Incorporer les amandes en poudre puis la farine.
- Éplucher et râper les pommes. Les arroser de jus de citron. Beurrer un moule à gratin et répartir les pommes râpées.
- Saupoudrer la pâte avec le sucre restant et la cannelle, jusqu'à ce qu'elle devienne granuleuse.
- Recouvrir les pommes avec cette pâte.
- Enfourner à four chaud (210°C) pendant 35 min.
- À servir tiède, avec une crème anglaise ou une glace à la vanille.

Gâteau à l'ananas

150 g de sucre roux
3 œufs
140 g de beurre
140 g de farine complète légèrement tamisée
1 paquet de levure chimique
1 boîte d'ananas avec son jus

- Préchauffer le four à 180°C.
- Égoutter les tranches d'ananas.
- Préparer un caramel avec 50 g de sucre et le verser dans un moule à manqué.
- Dans une terrine, battre les œufs entiers avec le sucre, ajouter le beurre fondu puis la farine mélangée à la levure.
- Tapisser le fond du moule caramélisé avec les rondelles d'ananas, verser la pâte
- Enfourner à four chaud (180°C) pendant 35 min.
- Lorsque le gâteau est tiède, arroser avec le jus d'ananas.

Desserts au chocolat

Brownies au chocolat

200 g de chocolat à cuire
6 cs d'eau
125 g de beurre
200 g de sucre
2 cs de farine complète
4 œufs
1 poignée de raisins secs
2 cs de poudre de noix ou de noix de coco râpée

- Mettre le beurre, le chocolat et l'eau dans une casserole à feu très doux. Remuer.
- Retirer du feu, ajouter le sucre et mélanger énergiquement. Incorporez les œufs un à un. Ajouter ensuite la farine, mélanger. Incorporer les raisins secs et la poudre de noix ou de noix de coco.
- Verser dans un moule, de préférence carré, et enfourner à four chaud (180°C) pendant 15 à 20 min.
- Le gâteau doit être crémeux à l'intérieur.

Variante

On peut faire macérer les raisins secs dans un alcool. Cuit dans un moule carré, vous pouvez couper plus facilement le gâteau en petits cubes de 2 cm et le servir avec le café.

Reine de Saba

200 g de chocolat à cuire
200 g de beurre
200 g de sucre
100 g de farine
6 œufs

• Faire fondre à feu doux le chocolat et le beurre dans une casserole. Ajouter doucement les jaunes d'œuf, le sucre et la farine afin d'obtenir une pâte épaisse et consistante.
• Monter les blancs en neige et les mettre dans un saladier.
• Ajouter la pâte chocolatée et mélanger le tout très délicatement jusqu'à obtention d'une pâte homogène.
• Beurrer le moule, verser le mélange et mettre le plat à four chaud (180°C) pendant 20 à 25 min.

Les crêpes

Crêpes sans œufs

250 g de farine complète
1 pincée de sel
1 cs d'huile
½ l d'eau

• Mélanger tous les ingrédients de manière à obtenir une pâte fluide. Laisser reposer 2 h et ajouter de l'eau si nécessaire.
• Il est inutile de mettre des œufs dans la pâte à crêpe réalisée avec de la farine complète : les substances contenues dans le germe de blé sont à peu près équivalentes à celles contenues dans l'œuf.

Crêpes du Bournat

250 g de mouture du moulin
2 cs de beurre fondu ou d'huile
2 cs de sucre en poudre
½ cc de sel fin
½ l de lait (ou ¼ l de lait et ¼ l d'eau)
3 œufs
Parfum : vanille, rhum ou zeste de citron

- Mettre la mouture dans une terrine, faire un puits.
- Verser dans le puits la moitié du liquide, délayer au fouet. Quand toute la mouture est incorporée, la pâte est à peine fluide. Pour la rendre parfaitement lisse, la travailler vigoureusement 2 à 3 min.
- Ajouter les œufs entiers battus en omelette.
- Incorporer ensuite le sel, le sucre, la matière grasse et le parfum. Ajouter la moitié du liquide restant. La pâte doit être onctueuse, fluide sans excès. La laisser reposer 1 h environ.
- Faire un essai en cuisant la première crêpe. Si la pâte est trop épaisse, ajouter un peu de liquide.

Petits gâteaux du goûter

Cookies au chocolat

40 g de chocolat à cuire
250 g de beurre
130 g de sucre roux
30 g de miel
2 œufs
250 g de farine complète
200 g de chocolat concassé ou en pépites
200 g de noix
1 pincée de sel

- Sur feu très doux et en remuant en permanence, faire fondre le chocolat avec le beurre.
- Ajouter ensuite le sucre, le miel, les œufs, la farine, le sel, le chocolat concassé et les noix.
- À l'aide de deux petites cuillères, former des petites boules assez espacées et en quinconce.
- Laisser reposer 20 min au réfrigérateur, puis les sortir et les aplatir légèrement avec une spatule.
- Faire cuire à four chaud (170°C) pendant 10 min.

Variante

Remplacer le chocolat par de la noix de coco, des zestes de citron ou des oranges, des noisettes, de la vanille, issus de l'agriculture biologique.

Muffins

90 g de sucre
40 g de farine complète
70 g de chocolat noir
70 g de beurre fondu
2 gros œufs
30 g de figues fraîches coupées en quatre

- Battre les œufs en omelette, ajouter le sucre, le beurre fondu, la farine et le chocolat concassé.
- Verser dans des moules à muffins.
- Enfoncer un ou deux morceaux de figue dans chaque muffin.
- Cuire à four chaud (180°C) pendant 15 min.

Madeleines

150 g de farine complète
100 g de farine blanche
250 g de sucre roux
250 g de beurre
4 œufs
1 zeste de citron ou 60 g d'écorce d'orange

- Dans un saladier, fouetter les œufs et le sucre jusqu'à obtention d'une mousse. Ajouter le parfum, le beurre très mou et incorporer peu à peu les farines. Remuer énergiquement et verser dans les petits moules à madeleines.
- Cuire à four chaud (170°C) pendant 10 à 15 min.
- Laisser refroidir avant de démouler puis recommencer l'opération.

Moelleux aux noix

4 œufs
125 g de sucre
125 g de farine complète
100 g de cerneaux de noix concassés
20 cl de crème fraîche épaisse
30 g de sucre glace
1 feuille de gélatine
100 g de noix en poudre
2 cs d'alcool d'amande amère

• Battre le sucre et les jaunes d'œuf jusqu'à obtention d'une pâte lisse et blanche. Ajouter très délicatement la farine et les noix. Monter les blancs en neige bien ferme et les mélanger très doucement avec l'appareil. Verser sur une plaque de 1,5 cm de haut, bien beurrée, et cuire à four chaud (180°C) pendant 7 min environ.

• Faire ramollir la gélatine dans l'eau froide, l'égoutter et la faire fondre dans l'alcool d'amande tiède. Fouetter la crème en chantilly, ajouter le sucre glace. Incorporer la gélatine et l'alcool. Mélanger délicatement en ajoutant la poudre de noix.

• Découper des carrés de 10 cm, y déposer la crème et laisser prendre au frais 2 h.

• Servir sur une assiette décorée avec des cerneaux de noix.

Pour le petit-déjeuner

Kougloff

250 g de farine blanche
250 g de farine type 150
100 g de beurre
4 œufs
25 cl de lait
20 g de levure de boulanger déshydratée
150 g de sucre
125 g de raisins secs
1 cs de grand Marnier
1 pincée de sel

• Faire tiédir le lait, délayer ensuite la levure. Verser dans le bol du mixeur, ajouter le beurre coupé en lamelles, les œufs, le sucre et les farines. Mixer de manière à obtenir une pâte bien fluide. Incorporer les raisins secs préalablement macérés dans l'alcool. Beurrer le moule à kougloff, verser la préparation et laisser reposer 30 min.
• Enfourner à 180°C pendant 30 min.

Délicieux au petit-déjeuner ou au goûter avec une gelée de coings ou de figues.

Pour aller plus loin

Du même auteur

Faire son pain, Larousse, 2007.
Claude Aubert, *Les céréales au menu*, Terre vivante, 2000.
Christian Boyer, *Folklore du boulanger*, Maisonneuve et Larose, 1984.
Bernard Godon, *« Le pain », Pour la science*, n° 50, décembre 1981.
Tom Jaine, *50 recettes de pain*, Gründ, 1995.
Steven L. Kaplan, *Le retour du bon pain*, Perrin, 2002.
Denis Lamboley, *Les bienfaits des légumes, fruits et céréales*, Marabout, 1998.
Philippe Lamboley, *Le pain*, Ressources, 1982.
Minouche Pastier, *Le Pain*, Coll. « Petits pratiques de cuisine », Hachette, 2005.
Les pains des quatre saisons, Terre vivante, 1998.
Claude Rivals, *Le moulin et le meunier*, Empreinte, octobre 2000.
Jean-Michel Lecat, *La grande histoire du pain et des boulangers*, de Lodi, septembre 2006.
Christian Rémésy, *Que mangerons-nous demain ?*, Odile Jacob, janvier 2005.

TOURNESOL DECORTIQUE BIO
Poids net : 250 gr
Lot n°51141-DLUO : 02/08

Un moulin est beau en soi, car il représente le résultat d'une somme d'efforts, tout comme l'homme il possède une âme qu'il cache aux profanes.

MOULIN

Table des matières

Dépôt légal juin 2008
Imprimé à Borgo San Dalmazzo, Italie
sur les presses de l'imprimerie G.Canale & C. S.p.A.
pour le compte d'ADVERBUM